Elizabeth Tamang Lama Huck

Er rief mich aus der Dunkelheit

Eine Tochter des Himalaya findet Jesus

Elizabeth Tamang Lama Huck

ER RIEF MICH AUS DER DUNKELHEIT

Eine Tochter des Himalaya findet Jesus

SCM
Hänssler

SCM

Stiftung Christliche Medien

SCM Hänssler ist ein Imprint der SCM Verlagsgruppe,
die zur Stiftung Christliche Medien gehört, einer gemeinnützigen Stiftung,
die sich für die Förderung und Verbreitung christlicher Bücher,
Zeitschriften, Filme und Musik einsetzt.

MIX
Papier | Fördert
gute Waldnutzung
FSC® C014496
FSC www.fsc.org

2. Auflage 2024

Max-Eyth-Straße 41 · 71088 Holzgerlingen
Internet: www.scm-haenssler.de · E-Mail: info@scm-haenssler.de

Lektorat: Johanna Ehrlich
Umschlaggestaltung: Erik Pabst, www.erikpabst.de
Autoren- und Titelbild: © Christian Hanner, www.christianhanner.de
Bilder im Innenteil: privat – © Elizabeth Tamang Lama Huck
Satz: typoscript GmbH, Walddorfhäslach
Druck und Bindung: GGP Media GmbH, Pößneck
Gedruckt in Deutschland
ISBN 978-3-7751-6215-9
Bestell-Nr. 396.215

Ich widme dieses Buch

meiner Familie, meinen sieben Geschwistern, die immer, auch in den schwierigsten Zeiten, zu mir stehen, für mich beten und eine anhaltende Ermutigung für mich sind.

meiner Mutter, die durch ihren kompromisslosen Glauben und ihr Handeln in Christus zu einem siegreichen Leben gelangte und so zu einem großen Vorbild für mich wurde.

meiner verstorbenen Schwester Moti, die mich zu Christus führte und es mir ermöglichte, eine Schulausbildung zu machen.

meinem verstorbenen ersten Ehemann Pratap Pradhan, der mir oft die zwei kurzen, aber doch so wichtigen Worte sagte: »Liebe gewinnt«, und mich immer wieder ermutigte zu beten: »Gott helfe mir zu lieben«.

meinem jetzigen Ehemann Thomas Huck, der mich in die Mission geführt hat, die mir geholfen hat, meine wahre Berufung und Bestimmung in meinem Leben zu finden und im Reich Gottes zu dienen. Ich bin stolz darauf, sagen zu können, dass er die Ehre und den Titel von unserem Sohn »Bester Papa der Welt« bekommen hat.

und allen vernachlässigten, hoffnungslosen und bedürftigen Kindern in Nepal und Indien, die darauf warten, eine neue Perspektive für ihr Leben zu bekommen.

INHALT

PROLOG

Wild schlagen die Flügel zu lautem Gackern und wirbeln den Staub des getrockneten Büffeldungs im Hof auf. Ein weißes Huhn flattert um sein Leben, den rot leuchtenden Kamm vor Panik aufgestellt. Doch der geübte Griff des drahtigen jungen Mannes ist schneller. Mein Vater packt das Federvieh und trägt es am Hals zappelnd zum Baumstumpf neben dem hölzernen Verschlag. Dort liegt das große *Kukri*-Messer mit der geschwungenen Klinge schon bereit.

Durch die Lehmwände des Hauses ertönt erneut ein Stöhnen, dann Hecheln und gepresster Atem. Es ist so weit – seine Frau liegt in Wehen. Wieder einmal. Hoffentlich … hoffentlich würde sie beim fünften Mal das Ersehnte gebären.

»Stell dich nicht so an!« Die ungeduldige Stimme seiner Mutter, die bei jeder Geburt bei der Schwiegertochter war, dringt durch die unverglasten Fenster der Natursteinwände.

Er runzelt die Stirn. Ob die Mutter mit ihrer harschen Art seiner Frau eine Hilfe war? Er bringt das Huhn auf dem Holz in Position und angelt nach dem *Kukri*-Dolch.

Nach guter nepalischer Sitte hat eine frisch entbundene Frau ein Anrecht auf ein Huhn. Hühnerbrühe gibt Kraft – und die würde *Full Maya* in den nächsten Wochen brauchen. Schließlich musste das Kleine gestillt werden, während die harte Arbeit auf dem Feld, im Haus und auf dem Hof ohne Schonzeit weitergehen würde.

Entschlossen drückt er den Hals der heiser glucksenden Henne auf das Holz.

»Halt, warte!« Mein Großvater tritt aus dem offenen Unterstand der Pferde in den Hof. »Warte mit dem Schlachten!« Für einen Moment lauscht er mit meinem Vater auf den hohen, hellen

Schrei, der plötzlich im Haus zu hören ist. »Das Huhn bekommt sie nur, wenn es nicht wieder nur ein Mädchen ist.« Mit diesen Worten dreht sich Großvater um und geht.

Die Henne überlebt diesen Tag.

Mit den düsteren Schleiern des aufziehenden Monsunregens legen sich wieder Enttäuschung und Murren über das kleine Gehöft meiner Großeltern, hoch oben in den Bergen des Himalayas in Nepal.

Es war wieder eine Tochter, die meine Mutter geboren hatte. Sie nannten sie Devki, die Fünfte in Folge. Welche Schande!

Keiner ahnte damals, dass es ein paar Jahre später noch viel schlimmer kommen würde.

Eine Katastrophe würde meine Familie in den Abgrund reißen. Schuld daran würde ein Fluch sein – jedenfalls würde das jeder glauben. Den Auslöser dafür würde man zweifelsfrei in einem bestimmten Ereignis sehen: meiner Geburt.

1

DIE FRAGE

Herrnhut, Deutschland 2013

Frauen in meinem Heimatland Nepal würden an so einem besonderen Tag ihren besten Sari anziehen. Doch was soll ich heute tragen? Schließlich bekommt man nicht alle Tage Besuch von der Journalistin einer deutschen Tageszeitung – und dazu noch in Begleitung eines Fotografen!

Ich spüre wieder das Flattern in der Magengrube, während ich den Kleiderschrank öffne.

Heute bin ich Nepal – jedenfalls für meine deutschen Gäste und für alle, die ihre Nase in ein paar Tagen bei einer Tasse Kaffee oder einem Glas Bier in die Zeitung stecken werden.

Meine Finger streichen über den glatten Stoff des blauen Saris, der feinsäuberlich zum Quadrat gefaltet im Fach liegt. Nein, jetzt habe ich beim besten Willen nicht den Nerv, fünf Meter Seide um mich zu falten.

Mein Blick gleitet an meinem T-Shirt und den Leggins hinab – meine europäischen Kleider sind mir längst zur zweiten Haut geworden. Entschlossen greife ich nach dem Lungi, dem bunten Wickelrock, den die meisten Frauen heute in Nepal im Alltag tragen.

Mit geübten Fingern lege ich an der Hüfte das zwei Meter lange Tuch mit seinen roten und blauen Streifen in Falten.

Nun schnell noch hinein in die bunt bestickte traditionelle Bluse gleiten – so wie in eine Jacke. Gekonnt binde ich im Inneren die

Schnüre unter der Achsel und am Bauch, schlage die andere Hälfte darüber, binde wieder, während mein Blick auf die Uhr fällt.

In Deutschland sind die Menschen pünktlich!

»Lass alles gut gehen!« Ich schicke ein Stoßgebet zum Himmel. Ich überprüfe die warme Kanne mit dem traditionell gesüßten Tee, den ich der Journalistin mit einem typisch nepalesischen Gebäck servieren will.

Was, wenn ich auf die Fragen der Journalistin keine Antwort wüsste? Im Stillen bete ich wieder. »Bitte, lass mich das Richtige sagen!« Mein Ziel ist es, nett und höflich auf die Fragen zu antworten – mehr nicht.

Ich laufe in unser Wohnzimmer. Mein Blick gleitet über das Gemälde über dem Sofa, auf dem die weißen Achttausender des Himalayas den Saum des Himmels berühren. Ein nepalesischer Freund hat es gemalt. Dankbarkeit und Stolz durchströmen mich beim Anblick der atemberaubenden Schönheit meines Heimatlandes, auch wenn dort noch vieles im Argen liegt. Mein wunderbares Land, das sich des höchsten Berges der Welt rühmen kann, zählt zu den ärmsten auf dem Erdball.

NEPAL IN ZAHLEN

Nepal liegt zwischen China und Indien und hat eine Fläche von 147 000 km², was 41 % der Größe Deutschlands entspricht. Der geografisch tiefste Punkt liegt im Süden bei 78 Metern über dem Meeresspiegel, der höchste bei 8 848 Metern im Norden auf dem Gipfel des Mount Everest im Himalaya-Gebirge. Weitere sieben Berge im Himalaya zählen zu den höchsten der Erde. Das Land gilt als »Dach der Welt«, da über 40 % über 3 000 Meter hoch liegen.[1]

Was würden meine Gäste heute sehen wollen – die dunkle oder die helle Seite? Das echte Nepal oder jenes aus dem Hochglanzprospekt?

Damit sie es sich besser vorstellen können, baue ich noch schnell ein paar typische Gegenstände aus meinen Nepalkisten auf. Ich dekoriere auf dem Sofa und der Kommode ein paar Schals, Hemden, Betttücher und Vorhänge, daneben die gefilzten Kinderschuhe, Hosen sowie die Kulturbeutel aus dem Fair-Trade-Projekt. Soll ich die Batik-Taschen mit den Elefanten oder lieber die mit den Schmetterlingen nehmen …? Es läutet. Aufgeregt schnappe ich mein Tuch und öffne die Tür.

»*Namaste!*« Ich lege die Handflächen zusammen, lächle der Besucherin mit zitternden Lippen entgegen und verbeuge mich leicht – so wie in meiner Heimat üblich.

Die Frau von der Tageszeitung strahlt mich an. Erleichtert ahne ich, dass wir zwei uns verstehen würden – auch im Kauderwelsch aus Deutsch und Englisch. Sie schaut sich im Wohnzimmer und auf dem Tisch um, der mit nepalesischen Handarbeiten dekoriert ist. Sie wirkt sehr neugierig und ich spüre ihr Interesse für mich und meine Kultur. Ich biete ihr nepalesischen Tee und Snacks an und wir kommen ins Gespräch.

»Wie um alles in der Welt sind Sie nach Deutschland gekommen?« Begeistert begutachtet sie die Dinge aus Nepal und notiert meine ersten Antworten auf ihre neugierigen Fragen. »Also noch mal, Sie sind wo genau geboren? Und wie viel Geschwister waren es? Sieben oder acht?«

Wir setzen uns aufs Sofa, und während ich meine Großfamilie mit ihr sortiere, stapft der Fotograf, der etwas später eintrifft, mit der großen Kamera um den Bauch mit grimmiger Miene an den Fotowänden entlang.

Als die Journalistin einmal länger Luft holt, dreht er sich zu uns um, die Stirn in Falten gelegt. »Habe ich das richtig gesehen – Sie schicken Missionsteams nach Nepal?«

Ich nicke. Der anklagende Unterton in seiner Frage lässt mich schlucken.

»Aber in Nepal wirkt alles so schön. Dieses Land der Götter ist doch so voller Frieden! Zerstören Sie nicht die Kultur mit Ihren christlichen Missionaren?«

»Die Kultur zerstören?« Ich atme tief durch. Doch ich kann die Erregung nicht unterdrücken, die aus den Tiefen meiner Seele nach oben drängt. Ruckartig stehe ich auf. »Meine Kultur?« Ich sehe ihm fest ins Auge. Ich rücke meinen Schal wieder zurecht, der mir von der Schulter gerutscht ist. »Ich liebe mein Land und mein Volk! Aber wissen Sie überhaupt, was es bedeutet, in dieser Kultur zu leben und aufzuwachsen? Von außen sieht es aus, als führten wir Nepalesen ein Leben im inneren Frieden, doch die innere Dunkelheit ist unvorstellbar groß. Ich selbst dachte lange Zeit, ich sei von den Göttern verflucht und eine Schande für meine Familie …«

2

DAS HARTE LEBEN MEINER MUTTER

Bergdorf im nordöstlichen Himalaya, Nepal 1945

»Auf, wasch dich! Mach dich schön!« Der Ton des Stiefvaters meiner Mutter war barsch wie immer, als er vom ersten Stock des Hauses zu ihr herunter in den Hof rief.

Ihre Finger klammerten sich fester um den großen Holzstößel in ihren Händen. Sie hielt in der Bewegung inne, mit der sie das Holzstück im Getreidegefäß auf und ab getrieben hatte. Mit ihren 15 Jahren war sie noch ein Teenager, doch Träume hatte sie keine.

»Mich schön machen? Warum sollte ich?« Widerwillig sah sie zur Holzveranda auf, die vor den mit Natursteinen gemauerten Wänden ins Freie führte. Von diesem Mann, dem Ehemann ihrer Mutter, hatte sie in all den Jahren ihres jungen Lebens nichts Gutes erfahren. Ihr eigener Vater war gestorben, als sie noch klein gewesen war, und sie trug an ihn nur eine blasse Erinnerung in sich.

»Dein Bräutigam kommt heute mit deinen künftigen Schwiegereltern. Sorg dafür, dass sie dich nehmen!« Er kniff die Augen zusammen. »Höchste Zeit, dass du hier verschwindest.«

Die junge Frau erstarrte. Ein Bräutigam? Heute?

Panik stieg in ihr auf und sie fühlte, wie ihr die Knie weich wurden. Für einen Moment stützte sie sich schwankend auf den Stößel und atmete tief durch. Natürlich hatte man sie nicht für

Wert befunden, die geplante Hochzeit mit ihr zu besprechen, geschweige denn, sie nach ihren Wünschen zu fragen. Schließlich war sie eine Vaterlose, ohne Recht auf Status und Ansehen, nur der unerwünschte Balg ihrer Mutter, den der neue Ehemann bei der Heirat der Witwe in Kauf genommen hatte.

»Ich mach das hier erst fertig!«, blaffte sie in Richtung des Hauses zurück und hob den Stößel aufs Neue, um die Gerstenkörner zu zerstampfen, die am Abend geröstet und mit Buttertee verknetet als *Dhindo* gegessen würden. »Der Bräutigam soll warten oder mich nehmen, wie ich bin.« Sie triumphierte innerlich, als sie sah, wie dem Trunkenbold die Kinnlade herunterfiel. Längst hatte sie ihr Herz hart wie die Felsen der Berge gemacht, damit ihr die ständigen Schläge und bösen Worte nichts mehr anhaben konnten.

Ein Schatten im Augenwinkel ließ sie herumfahren.

Der Stiefvater hatte plötzlich einen schweren Holzprügel in der Hand und warf ihn voller Wucht von der Veranda nach ihr.

In letzter Sekunde wich sie aus.

Der schwere Holzstößel landete mit einem Knall neben ihr auf dem Boden. Ihr Atem ging flach, während sie in den Unterstand der Tiere zwischen die Kühe flüchtete. Hätte der Stiefvater sie getroffen, so hätte der Balken ihr wohl den Schädel zertrümmert oder sie auf der Stelle getötet. Auf jeden Fall hätte sich der Bräutigam samt Eltern den Weg sparen können.

✸

Die Ehe meiner Eltern begann nicht gerade romantisch.

Zu dieser Zeit waren so gut wie alle Ehen in Nepal arrangiert und auch heute noch werden viele Brautleute von den Eltern zusammengeführt. Was nicht bedeutet, dass diese Ehen zwangsläufig schlecht sein müssen – im Gegenteil, im Falle meiner Eltern durfte meine Mutter feststellen, dass nicht jedes männliche Wesen ein Ungeheuer war. Mein Vater Man Singh Lama war ein guter und freundlicher Mann.

Seine Familie gehörte genau wie sie selbst zum Stamm der Tamang, der in Nepal unter anderem in den Bergen des Himalayas nordöstlich von Kathmandu beheimatet ist. Die etwa 30 Millionen Einwohner in unserem Land gehören nicht alle ein und demselben Volk an, sondern sind eine bunte Mischung aus vielen verschiedenen Stämmen. Getrennt durch hohe Berge und tiefe Täler hat jedes der etwa 100 Völker in Nepal über Jahrhunderte seine eigenen Sitten, Bräuche, religiöse Riten und Dialekte bewahrt. Doch sprechen viele auch die Landessprache Nepali.

Meine Mutter kam jedenfalls als Jugendliche durch ihre Heirat auf einen ansehnlichen Hof mit vielen Feldern und Tieren. Sie konnte sich glücklich schätzen – für eine »Vaterlose«, so schimpfte man Halbwaisen, hatte sie es nicht schlecht erwischt.

Mein Vater, damals gerade 17 Jahre alt, gewann seine junge Frau lieb und gab sich alle Mühe, ihr ein guter Ehemann zu sein. Doch er hatte als ältester Nachkomme und Erbe der Familie in erster Linie die Pflicht, den Eltern ein guter Sohn zu sein.

Das Leben einer frischverheirateten jungen Frau war damals nicht einfach. Von einer Schwiegertochter erwartete man, dass sie sich widerspruchslos in die Lebensweise und die Traditionen der Familie ihres Ehemannes einfügte. Als Schwiegertochter musste man hart arbeiten – und das unter der strengen Aufsicht der Schwiegermutter.

In ihrem neuen Heim war meine Mutter frühmorgens die Erste, die aufstand, Holz sammelte, Wasser schleppte, das Vieh fütterte, die Herdstelle anfeuerte, kochte, den Männern das Essen in die Reisfelder auf den Bergterrassen hinterhertrug, das Feld mitbestellte und die Ernte einbrachte.

Die hatte einst selbst auf der untersten Stufe der Karriereleiter als Schwiegertochter begonnen – und nun das Recht, alle jemals erfahrene Behandlung der nächsten jungen Frau zuteilwerden zu lassen. Dazu gehörte in dieser Kultur auch, dass die Schwiegertochter als Letzte von allen aß – und zwar die Reste. Die fielen zuweilen so kärglich aus, dass mein Vater heimlich Essen während den Mahlzeiten zurückbehielt, um es in einem günstigen Moment seiner Frau zuzustecken. »*Lahkah, lahkah*«, flüsterte er dann – »Hier, iss schnell.«

Obwohl sich meine Mutter größte Mühe gab, konnte sie doch ihre wichtigste Pflicht nicht erfüllen: einen Jungen zu gebären.

In Nepal sowie im gesamten indischen Kulturraum ist es sehr wichtig, männliche Nachkommen zu haben. Söhne sind der Stolz der Familie! Mädchen gelten im Blick auf die Mitgift eher als Last – vor allem für ärmere Familien. Bei der Heirat verlassen Töchter schließlich ihr Elternhaus, während Söhne das Geschäft oder den Hof der Eltern weiterführen.

Vor diesem Hintergrund ist der Wunsch meiner Eltern nach männlichen Nachkommen verständlich. Bei der Geburt der ersten Töchter hielt mein Vater noch tapfer zu meiner Mutter und verteidigte sie seinen wütenden Eltern gegenüber.

Stolz nannte er seine erste Tochter Nariwal, was in unserer Sprache »Kokosnuss« bedeutet. Meine zweite Schwester bekam den Namen Moti, das heißt »Perle« oder »Edelstein«.

Sogar die Geburt der dritten Tochter feierten meine Eltern noch. Die Ankunft des Babys muss von glücklichen Umständen begleitet gewesen sein, wie etwa einer neuen, guten Arbeitsstelle, einer guten Ernte oder Glück im Spiel. Ich weiß nicht, was es genau war, auf jeden Fall haben sie das Neugeborene Laxmi – »Glücksbringerin« – genannt. Damit versuchten sie sich auch die Gunst der Göttin Laxmi zu sichern, die nach hinduistischem Glauben für Schönheit, Fruchtbarkeit und Reichtum zuständig ist.

RELIGION

Offiziell ist Nepal ein hinduistisches Land. Etwa 80 % der Bevölkerung sind laut der letzten Volkszählung Hindus, 9 % Buddhisten, 4 % Moslems und 1,4 % Christen. Der Rest verteilt sich auf kleinere Religionsgruppen. Die beiden Hauptreligionen Buddhismus und Hinduismus sind eng miteinander verwoben, und viele Nepalesen sehen sich als Anhänger beider Religionen.[2]

Als nach der vierten Tochter, Suk Maya, dann noch meine ältere Schwester Devki als weibliche Nummer fünf geboren wurde, riss selbst meinem gutmütigen Vater der Geduldsfaden. Ständig hatte er das Jammern und Gezeter seiner Eltern in den Ohren, die einen männlichen Erben forderten. Kurz nach Devkis Geburt geriet er mit meiner Mutter in einen heftigen Streit.

»Du bist unfähig, einfach unfähig!«, schrie er an einem Abend wütend, als sie bereits auf der Bettkante saß, die fünf Mädchen schon alle neben sich im gemeinsamen großen Bett. »Wann endlich bringst du einen Sohn zur Welt?«

Meine Mutter schluchzte hilflos im Bett und griff nach dem Baby, um es an die Brust zu nehmen. »Was soll ich denn noch tun?«

»Ich werde dir sagen, was *ich* tue …« Mit funkelnden Augen trat er auf sie zu. »Ich werde diese Tochter den Bergfelsen hinabstürzen. Bring endlich einen Sohn zustande!« Mit diesen Worten griff er nach der Jüngsten in ihrem Schoß.

»Nein!« Meine Mutter umklammerte ihr Baby. »Niemals! Ich bekomme einen Sohn, ich verspreche es! Ich will noch mehr beten! Noch mehr die Gebetsmühlen drehen! Lass uns mehr den Göttern opfern, aber lass mir Devki!«

Doch mein Vater zerrte im Zorn an der Kleinen. Das Kind brüllte. Die anderen Mädchen wachten auf und schrien. Mutter weinte, doch sie ließ ihre Tochter nicht los und kämpfte um sie.

Nun ja, ich weiß nicht, wann und wie sich damals die Wogen wieder glätteten. Auf jeden Fall hielt meine Mutter irgendwann das gemeinsame Leben mit den Schwiegereltern und die ständige Forderung nach einem Enkelsohn nicht mehr aus. Aufgrund ihres willensstarken Charakters war sie ohnehin nicht die gefügige Schwiegertochter, die man in unserer Kultur erwartete.

»Klarer Fall, du bist verflucht«, bekam sie oft von der Schwiegermutter zu hören, die dafür drei Beweise anführte. »Du hast deinen Vater früh verloren und nicht das Glück gehabt, dass er dich erzogen hat, dein Stiefvater wollte dich nur loshaben und du bringst nur Mädchen zur Welt.«

Die Kämpfe mit der Schwiegermutter und ihre Demütigungen nahmen kein Ende. Im hohen Alter erzählte meine Mutter mir einmal, wie sie sich als junge Frau hübsch zurechtgemacht hatte und zu einem Dorffest in den Nachbarort aufbrechen wollte. Natürlich fiel der Schwiegermutter genau in diesem Moment eine neue Arbeit für die junge Frau ein. Doch meine Mutter schlich sich heimlich davon. Als die Schwiegermutter dies erkannte, schäumte sie vor Wut und machte sich auf die Suche nach ihr. Irgendwo auf dem Weg in der Nähe des Flusses holte sie die Schwiegertochter ein. Wütend riss sie ihr Sari, Tuch und Ohrringe herunter.

»Alles, was du hast, hast du von uns, du nichtsnutziges Dreckstück!«

Aufgebracht schlug sie auf die junge Frau ein. Die Schläge prasselten auf sie nieder, bis ein Mann, der zufällig vorbeikam, dazwischenging.

»Lass sie, du bringst sie ja um!«, rief er.

Als die Schwiegermutter sie daraufhin von sich stieß, stürzte meine Mutter zu Boden, fiel mit dem Kopf auf einen Stein und blieb bewusstlos liegen. Achtlos ließ die Schwiegermutter sie liegen. Der Mann kümmerte sich um sie, brachte ihr Wasser und informierte meinen Vater, der seine Frau nach Hause holte.

Meine Mutter bearbeitete ihren Mann so lange, bis er bereit war, den elterlichen Hof zu verlassen.

Nun mag der Plan eines jungen Paares, bei den Eltern auszuziehen, in Europa niemand sonderlich in Aufregung versetzen. Bei uns in Nepal war es jedoch ein Skandal. Es war einfach undenkbar, dass der älteste Sohn seine Eltern und den Hof verlässt. Nicht vorstellbar! Ein No-Go!

Der Hass auf meine Mutter steigerte sich bei den Schwiegereltern ins Unermessliche. Die Verwandtschaft tobte – doch meine Eltern blieben eisern.

Sie packten ihre wenigen Habseligkeiten in Körbe, nahmen ihre fünf Mädchen und machten sich auf den tagelangen Fußmarsch durch die Berge in den flachen Süden des Landes, wo Verwandte meines Vaters in Chitwan nahe der indischen Grenze lebten. So zogen sie einen Schlussstrich unter die bergige Heimat im Nordosten von Nepal.

»Als Witwe sollst du sterben!«, riefen einige Frauen und Verwandte bei der Abreise meiner Mutter hinterher. »Verflucht sollst du sein! Hörst du? Verflucht!« Es ist bis zum heutigen Tag vor allem unter Frauen üblich, im Zorn oder Schmerz seine Gegner zu verfluchen, denn sie sind von der Wirkung eines Fluches überzeugt!

Meine Mutter drehte sich damals nach den bösen Zungen nicht mehr um, als sie mit Mann und Kindern loszog. In all den harten Jahren ihres Lebens hatte sie sich ein dickes Fell zugelegt. Aber insgeheim graute ihr vor den Verwünschungen …

Die kommenden Jahre ließen meine Eltern all die bösen Worte vergessen. Sie fanden Unterkunft bei einem jüngeren Bruder meines Vaters im fruchtbar gemachten Sumpfland des Terai, wo sich viele vom Stamm der Tamang angesiedelt haben. Damals war in dieser flachen, von Moskitos verseuchten Gegend jeder willkommen, der bereit war, ein Stück Ackerland trockenzulegen und zu bestellen. Auf diese Weise konnte mein Vater seine wachsende Familie über Wasser halten.

Außerdem war er genauso wie mein Großvater ein Lama – das ist ein tibetisch-buddhistischer Geistlicher, der im Dorf zu Riten und Festen gerufen wird, vergleichbar mit dem Pastor einer Ortsgemeinde im christlichen Abendland. Auch damit verdiente er sich ein Zubrot. So wurde er zum Beispiel in ein Haus gebeten, wenn ein Baby zur Welt gekommen war. Drei Tage später vollzieht der Lama im Kreis der Eltern die Weihe des Kindes, *Noren* genannt. Der Priester ermittelt dazu mithilfe eines speziellen Kalenders einen buddhistischen Namen, der dem neuen Erdenbürger feierlich gegeben wird. Oft waren zu diesem Ritual alle Verwandten eingeladen. Bei Mädchen fiel das Fest etwas kleiner aus – oder ganz, falls man sich schämte, dass es wieder eine Tochter war.

LAMA

Lama bedeutet auf Tibetisch »Leiter« oder »Hoher Priester« und ist im tibetischen Buddhismus der Titel für einen spirituellen Lehrer. Zugleich bezeichnet das Wort Lama eine Kaste in Nepal und Tibet.[3]

Auf jeden Fall schien das ersehnte Glück bei meinen Eltern endlich einzukehren. Mehrere Hühner mussten ihr Leben lassen, denn meine Mutter gebar beim sechsten Kind endlich, was sich alle wünschten: einen Sohn. Sie gaben ihm den Namen Bikash. Das bedeutet in unserer Sprache »Beliebtheit« und »wachsendes Ansehen«.

Auf ihn folgte mein Bruder Bejoy, das heißt »Sieg«.

Die Glückssträhne war eröffnet und als sich der Leib meiner Mutter drei Jahre nach dem Söhnchen Bejoy zum achten Mal wölbte, erwartete die Familie ganz selbstverständlich nur noch weitere Söhne – jetzt, da ihnen die Götter offensichtlich wohlgesonnen waren. Töchter hatten sie schließlich genug.

Mein Vater schmiedete unterdessen bereits Pläne, wie er im nahen Indien Land für eine kleine Landwirtschaft erwerben konnte. Der Kampf ums Überleben forderte ihn so sehr, dass er die zunehmenden Schmerzen im Bauch nicht bemerkte. Auch wenn er sie bemerkt hätte, wäre er nicht zum Arzt gegangen. Denn zum einen hielt er sich als buddhistischer Lama selbst für jemanden, der sich rituell Heilungskräfte verfügbar machen konnte. Schließlich wurde er von anderen im Krankheitsfall gerufen und zu den Ursachen befragt. Als Priester kannte er Riten und Zeremonien, um Krankheiten zu vertreiben, Flüche zu bekämpfen und böse Geister abzuwehren. Zum anderen gab es kaum ausgebildete Mediziner im Land, zumal man kein Geld für den Luxus einer Arztbehandlung gehabt hätte. Bis heute sind viele Nepalesen zurückhaltend, wenn es darum geht, zum Doktor oder gar ins Krankenhaus zu gehen – vor allem wegen den hohen Kosten. Auch die Behandlung im Hospital hat einen schlechten Ruf, da der Erfolg und die Betreuung oft zu wünschen übrig lassen. Selbst einen Kaiserschnitt bei der Geburt eines Kindes lassen Familien nur im Notfall durchführen, wenn es nicht anders geht.

Meine Geburt nahte mit dem Ende der sommerlichen Monsunzeit, der unserem Land von Mai bis September täglich eine feuchtwarme Dusche verpasst und unsere Berge in Nebelschwaden hüllt. Es war Anfang Oktober – und meine Eltern machten lange Gesichter, als ich das Licht der Welt erblickte: Ihr achtes Kind war wieder ein Mädchen.

Schon bald nach meiner Geburt packte meine Familie wieder ihre Körbe und zog in den Osten Indiens weiter, wo mein Vater inzwischen in Westbengalen ein Stück Land in einem Dorf namens Madari gekauft hatte, das in der Nähe der Grenze zu Bhutan lag. Dort wollte er sich als Bauer mit seiner großen Familie endgültig niederlassen.

Ich war schon bald ein gesprächiges kleines Ding, denn man gab mir den Namen Maina – das ist ein munterer, sehr gelehriger, sprachbegabter Vogel im Himalaya-Gebiet mit schwarzem Gefieder, einer gelben Zeichnung am Kopf sowie einem gelben Schnabel. Der lautstarke Sprachkünstler aus der Familie der Stare, der gekonnt Stimmen und Geräusche seiner Umwelt nachahmt, wird bei uns gerne mit einem Papagei verglichen und ist in Europa als »Beo« bekannt. Da ich offensichtlich von Anfang an gerne das Wort führte, neckte meine Familie mich später hin und wieder mit dem nepalesischen Sprichwort:

Wer redet, kann auch Steine als Diamanten verkaufen. Wer nicht redet, kann auch Diamanten nicht als Steine verkaufen.

Ob meinen Eltern bei meiner Namensgebung bewusst war, dass der Name Maina auch »Botin Gottes« bedeutet? Denn heute passt der hervorragend zu dem, was ich tue und wer ich bin!

Leider verging in den ersten Wochen nach der Ankunft in Indien schon bald allen das Lachen. Mein Vater klagte immer häufiger über Bauchschmerzen. Eines Tages, so erzählte man mir, besuchte er noch einen Freund und schleppte sich unter starken Schmerzen nach Hause. Mein Schwager half ihm, eine kleine Apotheke aufzusuchen, wo man ihm irgendeine Infusion und Medikamente verabreichte. Doch jegliche Hilfe kam zu spät – nach ein paar qualvollen Tagen starb er, vermutlich an Darmkrebs, was damals unerkannt und unbehandelt blieb.

Der schlimmste Albtraum einer Ehefrau in Nepal war damit für meine Mutter wahr geworden: Sie war eine Witwe, allein mit kleinen Kindern. Der Fluch hatte sich erfüllt.

Mit dem Tod ihres Mannes verlor sie als Frau jeden Status, jedes Recht und jedes Ansehen, da dies in Nepal an den Mann geknüpft ist. In der Vergangenheit haben sich Witwen sogar mit dem Leichnam des Mannes auf dem Scheiterhaufen verbrennen lassen, nur um damit ihre Treue und Hingabe zu beweisen. Vor 100 Jahren wurde dieser hinduistische Ritus der Witwenverbrennung – genannt *Sati* – in Nepal jedoch verboten.

Für meine Mutter war das ein großer Schicksalsschlag und sie trauerte sehr über den Verlust ihres geliebten Mannes. In durchweinten Nächten grübelte sie zerknirscht darüber nach, wie dieser Schrecken auf sie gekommen war. Und vor allem: durch wen? Wer war schuld?

Der oder die Schuldige ist nach traditionellem Volksglauben schnell gefunden – das zuletzt hinzugekommene Familienmitglied, sei es Schwiegertochter oder Baby, ist verantwortlich für Glück oder Unglück in einer Familie. In diesem Fall war es sonnenklar: Ich war der Unglücksbringer. Darum galt es, bei dem Neuankömmling auf der Hut zu sein!

Kaum ein paar Monate alt, wurde ich also für den Tod meines Vaters verantwortlich gemacht. Fortan ließ man mich zu Hause, wenn die Familie zu fröhlichen Festen oder Geburtszeremonien aufbrach. Ein Kind, das Unglück bringt, will schließlich keiner zu Gast haben.

Doch das Schlimmste für mich war: Ich wuchs ohne die Liebe meiner Mutter auf. Nach dem Tod meines Vaters zeigte sie mir täglich ihre Ablehnung auf vielfältige Weise und gab mir die Schuld an all ihrem Elend. Nie hatte sie ein gutes Wort für mich, nie nahm sie mich in den Arm oder kuschelte mich.

Ich war ein kleiner Papagei, dessen Flügel gebrochen wurden, noch bevor er fliegen konnte.

3

MEINE KINDHEIT IN BHUTAN

Bhutan 1975

»Na warte, wenn ich dich kriege!« Hinter mir keucht der Atem meiner Mutter, rasselt ihr Schnaufen, wie immer, wenn sie der Alkohol rasend macht. Die neun Goldkugeln an ihren Schmuckketten klirren. Mein Herz galoppiert. Wieder einmal renne ich, flüchte vor dem Stock in ihrer Hand.

Wie ein weiß gefleckter Axishirsch flüchte ich von Angst getrieben vor der drohenden Gefahr. Meine nackten Füße spüren nichts von den scharfen Steinbrocken am Boden, bemerken nicht das Drahtgeflecht, über das ich stolpere. Nur aufstehen und weiter! Besser diesen Schmerz ertragen als den harten Aufprall von Mutters Holzprügel, den ich Tage danach noch spüre. Auf Kopf, Rücken, Arme, Beine – wenn sie mich erwischt, drischt sie in blinder Wut auf mich ein. So schnell mich meine kleinen Füße tragen, renne ich weiter und flüchte in Richtung des Hauses meiner Schwester.

»Komm her, du Miststück!« Die wütenden Worte meiner Mutter sind schon zu hören, bevor sie selbst schwankend um die Ecke geeilt kommt. Völlig außer Atem hält sie sich am Brunnenrand fest und lässt den Prügel in der Hand sinken. »Sei verflucht, Maina! Hörst du? Wo immer du steckst! Unglücksbringerin! Du … du Vaterlose! Du … *Bau Khane*!«

Vaterfresserin! Das schlimmste aller nepalesischen Schimpfwörter bohrt sich in meine Kinderseele wie die Spitze eines Kukri-Messers, während meine Mutter sich davontrollt. *Vaterfresserin! So etwas sagt sie zu mir?* Lautlos wische ich mir die Tränen von der Wange. Der salzig staubige Geschmack legt sich mir auf die Zunge. *Warum bin ich ein Fluch? Warum soll gerade ich Unglück bringen?* Verzweiflung macht sich in mir breit. Es dämmert schon über unserer ärmlichen Siedlung in Bhutan. *Das ist mein Karma. Ich muss in diesem Leben leiden, weil ich in meinem früheren Leben schlimme Dinge getan haben muss. Ich muss sehr böse gewesen sein bei all dem Leid, das ich jetzt erlebe.*

KARMA

Mit *Karma* wird die Vorstellung ausgedrückt, dass jede Tat – sei es in Gedanken oder ausgeführt – eine Wirkung hat. Diese Folge der Tat kann im gegenwärtigen oder einem zukünftigen Leben eintreffen. Für das Leid in dieser Welt machen Buddhisten keinen Gott verantwortlich, sondern betrachten es als Folge unguter Taten im früheren Leben.

Ich laufe langsam weiter, als ein schwarz gefleckter Hund, der vor dem Haus lang gestreckt auf dem Boden liegt, seinen Kopf hebt. Sein schläfriger Blick hat etwas Tröstliches. Langsam trete ich auf ihn zu, strecke die Hand nach ihm aus. Er schnüffelt daran, schleckt über meine Finger. Plötzlich durchfährt mich ein Gedanke: Vielleicht ist er ja mein Vater? Sanft streichle ich über das weiche kurze Fell. Sagen nicht alle, die Seele lebe nach dem Tod weiter – wiedergeboren in einer anderen Gestalt?

»Vater?«, flüstere ich, »bist du es? Bist du jetzt ein Hund?« Er legt seinen Kopf wieder in den Staub. Wie gerne würde ich mein Gesicht in seinem flauschigen Fell vergraben. Mehr als alles andere sehne ich mich danach, dass mich jemand in den Arm nimmt, mir übers Haar streicht, mir ein zärtliches Wort zuflüstert. Doch solche liebevollen Zeichen der Zuneigung gibt es nicht in meiner Welt – schon gar nicht von Mutter, wo ich sie mir am meisten erhoffe. Schließlich bin ich an ihrem Elend schuld. Oder etwa nicht?

Müde richte ich mich auf – es ist dunkel geworden. Wenn ich Glück habe, ist Mutter auf dem Bett eingeschlafen und ich kann mich ins Haus schleichen. Wenn nicht, schlüpfe ich bei Moti nebenan ins Haus. Ich werfe einen letzten Blick auf den friedlichen Hund … Alle sagen, dass mein Vater ein guter, freundlicher Mensch gewesen sein soll. Dann aber wäre es eine Strafe für ihn, als Hund wiedergeboren zu werden. Zweifelnd wende ich mich ab von dem Tier vor mir. Vielleicht liegt zu meinen Füßen doch nur ein Straßenköter …

Es sind trostlose und harte Jahre, die ich als Kind in Bhutan zwischen den armseligen Hütten der nepalesischen Wanderarbeiter verbrachte, die als Community wie Nomaden der entstehenden Straße hinterherzogen, die sie selbst in harter Schufterei und Handarbeit mit Pickel und Schaufel in den unwegsamen Boden arbeiteten. In mühevoller Arbeit galt es, mit großen Hämmern Natursteine in Schotter zu zerschlagen – in Nepal und Indien ist das eine Frauenarbeit. In den typischen Bastkörben wurden Steine und Schotter zur Baustelle geschleppt und ausgeleert. Holzstämme mussten gefällt und gehackt werden, damit Ziegel geformt und gebrannt werden konnten.

Doch jeder Nepalese, der damals als Gastarbeiter im Straßenbautrupp in Bhutan arbeitete, war froh, dass er überhaupt eine Möglichkeit hatte, einen kargen Lohn zu verdienen. Der Mann meiner zweitältesten Schwester Moti hatte uns alle nach dem Tod meines Vaters aus Indien hierhergeholt. Dies war für meine Mutter die Rettung gewesen, die als Witwe mit fünf noch nicht erwachsenen Kindern mittellos dagestanden hatte. Lediglich zwei ihrer Töchter waren zu diesem Zeitpunkt verheiratet gewesen.

Die Älteste, Nariwal, hatte meine Mutter im Alter von 18 Jahren in einem Anflug von Ärger über die aufsässige Teenager-Tochter mit einem erheblich älteren Witwer verheiratet. Der 16 Jahre ältere Mann hatte bereits Kinder. Für Nariwal kein leichtes Los – doch danach fragte keiner.

Dieser Schwiegersohn blieb meiner Mutter aus Dankbarkeit zeitlebens ein Verbündeter, der ihr mit Rat und Tat zur Seite stand. Sangey Tamang sprach mit ihr in Bhutan in der Sprache der Tamang und half ihr, Nepali zu lernen – was für sie eine Fremdsprache war. Schnell entdeckte er, dass die Mutter seiner Ehefrau mehr konnte als Steine klopfen und beförderte die energische Dame zur Aufseherin über den Bautrupp, während er sich um Aufträge und Material kümmerte. Sie organisierte ihm Arbeiter unter ihren Bekannten in der alten Heimat und wachte über die Ausführung der Bauarbeiten. Da er selbst gerne trank, drückte er vor den zunehmenden Alkoholproblemen seiner Schwiegermutter die Augen zu.

Die junge Nariwal hielt es nach einigen Jahren Ehe nicht mehr aus an der Seite dieses Mannes und wollte sich trennen. Doch als ihre eigene Mutter Wind von den Scheidungsabsichten bekam, vereitelte sie den Plan der Tochter und sorgte dafür, dass Nariwal weiter mit ihren kleinen Kindern in dieser Ehe voll Gewalt und Trunkenheit ausharren musste. Die Situation war so festgefahren und hoffnungslos, dass niemand glaubte, dass jemals eine Veränderung möglich wäre.

Meine Mutter stand in der Community, durch die Unterstützung ihres Schwiegersohns Sangey Tamang und auch durch ihr spirituelles Wissen, im Ansehen ihrer Landsleute. Sie erlaubte den Geistern der Vorfahren, sie in tranceartigen Zuständen als Sprachrohr zu benutzen. Sie und meine Verwandten betrachteten diese Geister der Ahnen als etwas Positives, als gute Kräfte, da man sie den Lama-Vorfahren zuschrieb. Meine Mutter hoffte, von ihnen übernatürlichen Beistand für ihre hilflose Lage zu bekommen. Es war ihr Versuch, Kontrolle über ihr scheinbar verfluchtes Leben zu gewinnen und das Gefühl von Ohnmacht zu besiegen.

Meine Vorfahren praktizierten keine »Reinform« des Buddhismus. Wie bei anderen Völkern auch, hat sich der Buddhismus bei uns mit althergebrachten Bräuchen und Ur-Religionen vermischt – bei den Tamang und anderen Bergvölkern im Himalaya kamen animistische und schamanische Traditionen aus Tibet dazu. Man kann den Buddhismus mit einer Decke vergleichen, die sich über eine Landschaft legt und sich ihr dabei anpasst. So erklären sich die verschiedenen Strömungen des Buddhismus.

Wichtig im Volksbuddhismus, der meine Familie prägte, war der Glaube an gute und böse Geister sowie an die Geister toter Vorfahren. Diese spirituellen Wesen waren nach unserer Vorstellung alle in den endlosen Kreislauf von Geburt, Tod und Wiedergeburt verwoben.

Mich ergreift es immer wieder, wenn ich sehe, mit welcher Inbrunst und Anstrengung sich meine Landsleute um die Gunst der Götter bemühen. Im höchsten buddhistischen Heiligtum Boudnath in Kathmandu kann man Gläubige beobachten, die den größten Stupa des Landes in rituellen Bewegungen mehrfach umkreisen. Dazu werfen sie sich auf den Boden, strecken sich dort aus, stehen wieder auf und wiederholen das Gleiche zwei Schritte später. Es gibt sogar tibetische Buddhisten, die in dieser Form den für sie heiligen Berg Kailash umkreisen. Welche Sehnsucht muss diese Menschen bewegen, Erhörung zu finden!

Meine Mutter brachte den Göttern an unserem Hausaltar oft Opfer. Sie sammelte Reisig und stellte daraus Weihrauch her. Außerdem machte sie selbst Öllampen und streute Pulver von oben auf den Opferstein.

Da meine Mutter kaum etwas erklärte, verstand ich als Kind nicht viel von alldem. Ich ahmte sie nach und bat die Götter am Altar ab und zu um Glück und Wohlergehen. Doch ich empfand sie nie als Zuhörer, die an mir interessiert gewesen wären. Gebete der Fürbitte, etwa um Heilung oder Wohlergehen für einen anderen Menschen, waren mir fremd. Ich hatte sie nie um mich herum gehört.

Von klein auf führte ich meinen eigenen Kampf ums Überleben. Da meine Mutter morgens zur Arbeit ging, hatte ich als Mädchen schon früh im Haushalt kräftig mit anzupacken.

Unser selbst gebautes Haus glich wie die anderen in unserer Siedlung eher einer Hütte und konnte im Fall eines Umzugs schnell abgerissen und wiederaufgerichtet werden. Die Wände bestanden aus Matten, den *Chitra*, die unsere Leute aus Bambuszweigen und Blättern flochten. Das ganze Flechtwerk beschmierten wir mit Lehm. Dies war zu Regenzeiten – vor allem wenn der Monsun auf das Dach platschte – nicht sonderlich wasserdicht. Es tropfte durchs Dach auf uns herab und wir konnten nichts dagegen tun.

Einmal in der Woche mussten wir Kinder zum Holzsammeln. Dazu nahm uns ein Mann mit in die Berge, wo meine Brüder kleine

Bäume fällten und die Hänge hinabsausen ließen. Ich sammelte Äste und lud mir so viel in meinem Korb auf, wie ich mithilfe eines Stirnbands auf dem Rücken tragen konnte. Und ich konnte viel tragen!

Wasserholen war meine zweite Aufgabe. Darum unternahm ich jeden Morgen einen langen, steilen Fußmarsch etwa eine Viertelstunde am Bach bergaufwärts, um dort sauberes Wasser zu schöpfen.

Das war schon ganz schön schwer, was ich damals auf meinen zarten Kinderrücken packen musste. Jeder musste seinen Beitrag zum Überleben einbringen – und dies war meiner.

Ich hatte auch meine Wäsche am Bach zu waschen – im Sommer und im Winter – sowie das Geschirr zu spülen. Niemand kümmerte, dass mir dabei vor Kälte oft die Haut an den Händen aufplatzte – auch mich nicht.

Manchmal geschah es, wenn ich am eisig kalten Wasser auf einer Steinplatte saß und meine Wäsche rubbelte, dass mein Blick auf einen besonders schönen oder speziell geformten Stein fiel. Dann hielt ich ehrfürchtig inne – und hievte den Stein aus dem Wasser und stellte ihn auf. *Könnte das etwa ein Gott sein?* So fragte ich mich. Die alte magische Welt meiner Vorfahren und deren animistischen Bräuche aus früheren Zeiten waren immer noch in unseren Köpfen lebendig.

ANIMISMUS

Unter Animismus versteht man in der Völkerkunde den Glauben, dass Dinge der Natur beseelt oder der Wohnsitz von Geistern sind.[4]

Sehr gut erinnere ich mich auch an den täglichen Kampf mit den eisernen Kochtöpfen, die ich bereits als Sechsjährige zum Spülen ans Wasser schleppte. Mutter legte großen Wert darauf, dass ihre Töpfe blitzten. Damit sie im Ruß über dem Herdfeuer nicht schwarz wurden, mussten wir Kinder sie täglich vor dem Kochen mit einer dicken Schicht aus Asche einreiben – und diese harte Kruste musste danach wieder heruntergeschrubbt werden. Was für eine Plagerei!

Die meisten Nepalesen sind in puncto Essen sehr genügsam. Bei vielen gibt es zweimal am Tag *Dal Bhat* – Reis mit Linsencurry und etwas Gemüse. Fleisch gibt es nur an Festtagen. Meine Mutter war in Sachen Kochen nur an einem interessiert: Reiswein herzustellen. In unserer Tamang-Sprache hieß er *Chang* und wurde als eine Art Tee betrachtet, den Mutter schon zum Frühstück trank. Allein dazu kochte sie große Mengen an Reis, den sie dann geformt in Kugeln zum Fermentieren ansetzte. Manchmal gab sie uns die süße Paste, die dabei übrig blieb und für uns eine Leckerei war.

Sie begann ihren Tag damit, ein großes Glas von ihrem selbst erzeugten Gebräu zu trinken. Um ein Frühstück für uns Kinder kümmerte sie sich selten. Kaum hatte sie ihren Krug geleert, ging sie für einen Schwatz mit den Nachbarinnen aus dem Haus, während mein ältester Bruder Bikash Feuer machte, für uns Reis kochte oder ihn anbriet, bevor er und Bejoy in die Schule gingen. Doch manchmal begann mein Tag auch ohne Mahlzeit. Der knurrende Magen war mein ständiger Begleiter. Aber dies war nicht das Schlimmste für mich.

Zum Albtraum entwickelten sich die Abendstunden, wenn meine Mutter erschöpft von der Arbeit nach Hause kam und sich zur Entspannung viele Gläser Chang gönnte. Je mehr sie davon trank, desto weniger konnte ich es ihr recht machen. Sie war leicht reizbar, beklagte sich über mich und ihr verfluchtes Leben, warf

Gegenstände quer durch die Hütte und schlug mich wegen Kleinigkeiten.

Manchmal jedoch nahmen ihre Zornausbrüche Formen an, die so beängstigend waren, dass uns erwachsene Männer zur Hilfe eilen mussten. Es war, wenn die bösen Geister von ihr Besitz ergriffen. Dies geschah regelmäßig – besonders bei Vollmond. Ihr ganzer Körper schüttelte sich dann, sie schrie furchterregend und stammelte unverständliche Worte. Dabei verzerrte sich ihr Gesicht zur Fratze, ihre Stimme veränderte sich seltsam tief und schrill zugleich, und es brauchte mehrere Männer, um sie auf den Boden zu drücken, wenn sie um sich schlug.

Wie ein verschrecktes Häschen saß ich dabei jedes Mal gelähmt vor Angst in der Ecke des Zimmers und starrte fassungslos auf den Horror, der sich um mich entfesselte. Es wären »die Geister der Lama-Vorfahren«, die über sie Kontrolle nähmen, so meinte sie selbst. Manchmal stieß sie in diesen Anfällen von dämonischer Besessenheit Verwünschungen aus oder machte Vorhersagen, die tatsächlich eintrafen.

Ich war voller Angst. Wann immer möglich, floh ich in solchen Stunden aus dem Haus zu einer meiner Schwestern und übernachtete dort.

Tag für Tag kämpfte ich mich durch meine harten Pflichten mit dem einzigen Ziel, alles zur Zufriedenheit meiner Mutter zu erledigen, damit sie ja nicht die Fassung verlor. Inzwischen war ich acht Jahre alt. Mich bedrückte, dass ich nicht wie meine Brüder zur Schule gehen durfte, und wünschte mir nichts mehr als das. Wie wunderbar musste es sein, täglich in sauberen Kleidern dort zu sitzen, zu lesen, zu schreiben – und in dieser Zeit nicht zu Hause die harte Hausarbeit zu verrichten. Doch meine Mutter hielt eine Schulbildung für uns Mädchen für unnötig, da unsere Aufgabe als Frauen in erster Linie die Versorgung von Haushalt und Kindern war. Keine meiner fünf Schwestern durfte je eine Schule besuchen. Warum sollte es bei mir anders sein?

Meine Mutter hatte den Zeitpunkt meiner Einschulung längst verstreichen lassen. Dennoch flackerte die Hoffnung weiter in mir, einmal zur Schule gehen zu dürfen. Würde ich dadurch vielleicht all dem Elend entkommen? Ich schlich mich in freien Momenten immer öfter zu einem Häuschen, wo ein fast tauber Mann ein paar Kinder aus unserer Siedlung sammelte und auf einfachste Art unterrichtete. »A – B – C«, schallten die Kinderstimmen im Chor durch die Ritzen der geflochtenen Wand, und ich prägte mir verstohlen durch die offene Tür die Form der Buchstaben ein.

»Maina, was tust du hier?« Eines Tages stand plötzlich meine Schwester Moti hinter mir und tippte mir auf die Schultern. Ich fuhr zusammen – man hatte mich ertappt.

4

DER TRAUM VON SCHULE

Thimphu, Bhutan 1978

»Willst du zur Schule gehen?«, hatte mich meine Schwester Moti damals in Bhutan gefragt, als sie mich an der Tür vor der kleinen Schule in unserer ärmlichen Siedlung der nepalesischen Wanderarbeiter angetroffen hatte.

Ich hatte beklommen genickt. »Bitte sag nichts Mutter«, flüsterte ich flehend.

»Komm, wir sehen, ob sich da was machen lässt!« Sie streckte mir die Hand hin und nahm mich mit zu sich nach Hause. Ich wusste nicht, was mich erwarten würde. Zu meiner großen Verwunderung und Freude wollte sie mir doch tatsächlich ermöglichen, was ihr selbst verwehrt geblieben war: eine richtige Schule zu besuchen! Sie redete mit unseren Schwestern, die bereits Geld verdienten, und überzeugte sie davon, mir eine Schulausstattung mit Büchern und Uniform zu bezahlen und sich an den monatlichen Schulkosten zu beteiligen. Es war wie im Traum!

Allerdings gab es zwei handfeste Hindernisse: Mit acht Jahren war ich für eine Einschulung viel zu alt! Auch in Bhutan lernten Schüler das Schreiben und Lesen schon im Kindergartenalter. Außerdem stammte ich aus einem sehr armen Viertel – das war in einer privilegierten Schulumgebung nicht unbedingt willkommen.

Doch meine Schwester, willensstark und energisch wie meine Mutter, ließ sich von diesen Problemen nicht aufhalten. »Wir versuchen, dich beim Schulleiter persönlich anzumelden.« Der Schuldirektor sowie die meisten Lehrer kamen aus Indien und versuchten ihr Glück als Gastarbeiter in Bhutan. Dadurch hatte ich gute Chancen, weil der Direktor das Leid von nepalischen Mädchen ohne Schulbildung kannte, und wir hofften auf sein Mitgefühl.

Um ihrem Anliegen Verhör zu verschaffen, besorgte sie ein paar in Nepal beliebte Dinge: Sie packte ein paar Getränke sowie das Vitamin- und Malzpulver *Horlicks* ein, dann zogen wir los und klopften direkt an der Tür des Schuldirektors. Der machte angesichts der Bitte große Augen. Meine Schwester Moti bettelte regelrecht um meine Aufnahme. Mir klopfte das Herz bis zum Hals! Ich glühte förmlich vor Hoffnung, aufgenommen zu werden – und fürchtete nichts mehr als eine Absage.

Der Schulleiter musterte mich. »Na ja, sie ist zwar schon zu alt, aber wenn sie bereit ist, sich Mühe zu geben und alles aufzuholen, dann probieren wir es.«

Ich jubelte! Und war zu allem bereit. Wie im Traum taumelte ich an Motis Hand nach Hause. Ich sah mich bereits in Schuluniform, weißen Socken und neuen schwarzen Schuhen, sauber geflochtenen Zöpfen und einem Schulranzen auf dem Rücken. Wie oft hatte ich mich danach gesehnt! Und nun sollte dieser Traum Wirklichkeit werden!

»Mach die Schule unbedingt!«, schärfte Moti mir unterwegs ein. »Auch wenn es zu Hause schwierig ist, bleib niemals weg von der Schule, hörst du?« Das musste sie mir nicht zweimal sagen.

Ich versprach es, fest entschlossen die Chance meines Lebens zu nutzen. Natürlich war ich auch mit ihrem Plan einverstanden, dass ich durch Babysitten bei meinen Schwestern sowie Ferienjobs etwas Geld erarbeiten würde, um mich an den Schulkosten zu beteiligen.

Meine Mutter, täglich benebelt vom Alkohol, kümmerte es nicht, was ich tat. Sie ließ mich gewähren, interessierte sich aber auch nicht für meinen Schulbesuch. Ihr war nur wichtig, dass ihre Söhne zur Schule gingen – so hatte sie es einst mit Vater vereinbart.

So war ich das einzige Mädchen in meiner Familie, das Schreiben und Lesen lernen durfte, und ich war Moti und meinen Geschwistern unsagbar dankbar, dass sie mir den Schulbesuch ermöglichten.

Doch es war auch herausfordernd für mich, den verpassten Stoff nachzuholen. Außerdem war ich eine Stunde zu Fuß unterwegs, bis ich in der Schule war. Stolz trug ich meine Schuluniform, die im bhutanischen Stil gehalten war: ein bunt gemustertes Wickelkleid mit einem grünen Jäckchen darüber.

Der gesamte Unterricht in dieser Schule war auf Englisch – lediglich ein Fach fand in der Landessprache *Dzongkha* statt. In den ersten Wochen verstand ich nichts von dem, was der aus Indien stammende Lehrer sagte.

Die anderen Erstklässler, die Englisch bereits in der Vorschule gelernt hatten, kicherten und hänselten mich. Auch wurde ich wegen meines höheren Alters immer wieder zur Zielscheibe für ihren Spott.

Zu Hause fiel mir das Lernen schwer. Oft erbarmte sich mein drei Jahre älterer Bruder Bejoy über mich und half mir – er war neben der Tochter des Schuldirektors der beste Schüler seines Jahrgangs und bereits in der weiterführenden Schule.

Dennoch hatte ich weiterhin viele Haushaltspflichten und oft konnte ich mich nicht konzentrieren. Wenn Mutter im Rausch gewalttätig wurde, schnappte ich meinen Ranzen und die Schuluniform und rannte damit durch die Nacht zu meiner Schwester Suk Maya, die in der Stadtmitte von Thimphu ein Restaurant eröffnet hatte, und ging von dort aus in die Schule.

Doch das alles brachte mich nicht davon ab, meinen Traum weiterzuverfolgen.

Mit der Zeit hatte ich vier dicke Freundinnen, aber ich wagte nie, sie nach Hause mitzubringen, weil ich mich für meine ziemlich komische Mutter schämte. Einmal begleitete mich meine beste Freundin Nima doch in unsere Siedlung. Es kam so, wie ich es befürchtet hatte: Wegen irgendeiner Kleinigkeit begann meine Mutter lautstark zu wüten. Sie jagte mir nach und rief mir schlimme Worte wie »Taugenichts« und »Vaterlose« hinterher.

Am nächsten Tag hörte ich das Getuschel. »Stell dir vor, was Mainas Mutter zu ihr gesagt hat ...«, flüsterte Nima hinter vorgehaltener Hand. Meine Freundin hatte so etwas noch nie erlebt – sie hatte glücklicherweise Eltern, die nicht so waren.

Doch es war nicht das einzige Mal, dass ich mich schämte. Ich hatte Holz zu sammeln und Wasser zu holen. Dabei musste ich auch ein Stück an einer Straße entlanggehen, an der einige meiner reicheren Mitschüler wohnten. So schnell ich konnte, trug ich mit klopfendem Herzen meinen Wasserkanister durch diesen Straßenabschnitt – immer die Angst im Nacken, jemanden aus meiner Klasse zu treffen, der mich hänseln würde. Besonders schwierig war es, wenn ich wie ein Packesel mit Holz beladen war. Da waren schnelle Schritte schlicht unmöglich – und ich sah stets auf den Boden.

Als ich älter wurde und eine gute Schülerin war, ließ ich mir nicht mehr alles gefallen.

Ein reicher Mitschüler, der in einem wohlhabenden Viertel wohnte, meinte, mich hänseln zu müssen. Ich regte mich furchtbar über seine Sprüche auf und schmiedete einen Plan: Ich beschloss, es ihm heimzuzahlen. Gemeinsam mit meiner Freundin überlegte ich, wie ich ihm zeigen könnte, wo es langgeht. Wir entdeckten, dass in dem Viertel, wo meine Schwester Suk Maya ihr kleines Restaurant führte, eine Taekwondo-Schule war. Da ich mir beim Babysitten und Kellnern etwas Taschengeld verdient hatte, meldeten wir uns zu einem Kurs an.

Einmal pro Woche trainierten wir – und innerlich sah ich schon, wie wir den frechen Kerl zur Strecke bringen würden. An den Strohsäcken im Trainingsstudio probierten wir regelmäßig unsere Kräfte aus, doch es reichte mir nicht, um meine Fortschritte auf diese Weise zu testen. Darum schlug ich einmal mit meiner Freundin auf eine harte Mauer ein – und schürfte mir dabei gehörig die Finger auf. Wir waren unglaublich stolz, dass wir als Mädchen Kampftechniken trainieren konnten.

Natürlich fragte damals auch mein Bruder, der sich zu Hause gerne als mein strenger Vater aufspielte, wo ich denn hingehen würde. Ich log ihn an, ich hätte Extra-Unterricht – was ja in gewisser Weise auch stimmte ... Doch ein Nachbarsjunge, der in unserer Siedlung lebte, bekam mit, wohin ich wirklich ging – und verpetzte mich bei Bejoy. Der stellte mich zur Rede, war ordentlich sauer auf mich und verbot mir strengstens, als Mädchen an so etwas teilzunehmen. So kam es, dass ich meine Taekwondo-Künste als Erstes an jenem Nachbarjungen ausprobierte, der mich zu Hause angeschwärzt hatte. Er war so überrascht, dass ein Mädchen ihn angriff, dass er sich nicht einmal zur Wehr setzte! Nun, er hat mich danach nie mehr verpetzt!

Der reiche Mitschüler jedoch, wegen dem ich den Kurs begonnen hatte, kam ungeschoren davon. An ihm habe ich mein Können niemals ausprobiert.

Auch in anderen Fällen passte ich nicht in das Bild des braven Mädchens, das in unserer Kultur so gerne gesehen wird. Ich liebte es, wild und wagemutig zu sein – und ich bewunderte alle, die mit einem Fahrrad durch die Straßen sausten. Ich träumte davon, es auch fahren zu lernen. Doch es war absolut nicht üblich, dass

Mädchen auf einen Drahtesel stiegen. Eines Tages beschwatzte ich einen Jungen, von dem ich wusste, dass er ein Fahrrad besaß, es mich probieren zu lassen.

»Kannst du fahren?«, fragte er mich zweifelnd.

Ich nickte selbstbewusst – *so schwierig konnte es ja nicht sein*, dachte ich im Stillen. Und so ließ er mich aufsteigen und ich sauste los, die Straße hinunter. Ich hob die Nase in den Wind – mit dem Balancieren funktionierte es wunderbar. Mittendrin in meiner Fahrt wurde mir plötzlich bewusst, dass ich keine Ahnung hatte, wie man das Ding wieder anhält – und das Tempo auf der Piste bergabwärts wurde immer schneller. Der Junge schrie hinter mir her. Doch zu spät!

Vor mir begann eine braune Kuh gemächlich die Straße zu überqueren.

»Schsch!«, schrie ich, »weg, weg!«

Doch das Rindvieh, das bei den Hindus ohnehin als »heilige Kuh« Kultstatus genießt, dachte nicht daran. Ich sauste mitten in sie hinein. Erschrocken trabte sie weiter. Meine Fahrt endete im Abwassergraben – zum Glück unverletzt. Das Fahrrad und ich hatten lediglich ein paar Kratzer abbekommen. Ich rappelte mich auf, zwang mich zu einem Lächeln und schob das Fahrrad zurück zu seinem Besitzer. Von den Kratzern sagte ich nichts.

Dass ich nicht allzu viel aus diesem Vorfall gelernt hatte, bewies ich ein paar Jahre später, als ich meinen Neffen überredete, mich auf das neue Motorrad meines Bruders steigen zu lassen – ebenfalls in einem Anfall von Selbstüberschätzung. Ich bestach meinen fast gleichaltrigen Neffen mit etwas Taschengeld, mir doch die wichtigsten Funktionen des Motorrads zu zeigen, was er bereitwillig tat. Allerdings kam ich nicht weit damit. Bereits bei meinen ersten geheimen Runden in einem Schulhof fiel ich mit dem schweren Ding um, verbeulte es und verkratzte den Lack. Was hatte ich

Angst, den Unfall meinem Bruder zu beichten! Doch verschweigen half nichts – der Schaden war zu offensichtlich.

Mein Bruder Bikash schäumte vor Wut – zumal er noch ein Ersatzteil in einer anderen Stadt besorgen musste.

»Ich wollte es doch nur lernen«, jammerte ich.

»Wieso sollte eine Frau so etwas lernen!« Er hatte keinerlei Verständnis für meine Teenager-Träume – auch wenn er mir oft geholfen hat.

Ich liebte das Abenteuer und ließ mich nicht von kulturellen Erwartungen zurückhalten, das Leben zu genießen und Neues auszuprobieren. Egal ob Fahrrad, Motorrad oder Schulbesuch. Ich war wohl das glücklichste Mädchen in dieser Zeit.

Doch die unbändige Freude über meine Einschulung wurde mir als Neunjährige schon bald wieder geraubt. Moti, meine treue Unterstützerin, wurde sterbenskrank. Sie hustete Blut, wurde immer blasser und abgemagerter und verlor Stück für Stück all ihre Lebenskraft. Kein Zauber half, keine Beschwörungsformel, kein Opfer an die Götter verschaffte ihr Linderung. Schließlich ging sie sogar zum Arzt ins Krankenhaus. Der stellte ihr eine Diagnose, die einem Todesurteil gleichkam: Tuberkulose.

»Sie haben nur noch ein paar Wochen zu leben«, erklärte er ihr. Das war ein Schock für uns alle. Moti, meine geliebte Schwester, der ich alles zu verdanken hatte, sollte sterben?

Wieder ertrank meine Kinderseele im dunklen Abgrund der Hoffnungslosigkeit – und nichts und niemand schien mich daraus retten zu können.

5

VOM DUNKEL ANS LICHT

Thimphu, Bhutan 1980

»Wie weit noch, Didi?«, flüstere ich in die Dunkelheit.

»Psst!« Moti hebt im Mondschein den Finger vor den Mund, ihre dunklen Augen blicken beschwörend zu mir herab. Ich nicke und halte mich dicht hinter ihr. Vor mir baumelt ihr Baby im Tragetuch. Eine gute Stunde Fußweg haben wir hinter uns. Nun säumen die ersten Hütten einer Siedlung den Wegesrand. Bereits seit einiger Zeit geht Moti an diesen geheimnisvollen Ort – jeden Abend. Heute hat sie mich endlich einmal mitgenommen.

Am Ende der Straße erspähe ich die Umrisse eines Hauses, in das immer wieder unauffällig kleine Gruppen von Menschen huschen. Wir folgen ihnen, stellen unsere Plastiksandalen in das volle Regal neben der Tür und treten ein. Stickige Luft empfängt uns. Die Fenster sind trotz der Schwüle geschlossen.

An der Wand entlang schieben wir uns in eine Lücke zwischen die dicht sitzenden Besucherinnen am Boden. Auf der anderen Seite des Raumes sitzen Männer im Schneidersitz. Unterwegs hat mir meine Schwester erzählt, dass dieses Haus gut ausgebildeten Gastarbeitern aus Südindien gehört, die in Büros in Bhutan tätig sind, und hier das geheime Treffen leiten. Die Menschen scheinen sich zu kennen, winken und lachen einander zu, bis der Gitarrenspieler ein Lied anstimmt, zu dem sich alle erheben. In der Ecke sehe ich einige Teekannen und Blechteller voll Kekse, was Vorfreude in meinem Kinderherzen weckt ... So etwas Leckeres bekomme ich fast nie!

Ich spüre große Aufregung in mir, während meine Augen weiter durch den Raum schweifen. Nichts erinnert hier an einen Tempel. Ein schlichtes Holzkreuz an der Wand – sonst ist nichts von dem neuen Gott zu sehen, den Moti jetzt verehrt. Keine Statuen, kein Altar, keine Gefäße ... nicht einmal eine Fotografie von diesem Jesus, von dem sie immer spricht.

Der Gesang um mich wird lauter, das Gemurmel der Gebete immer leidenschaftlicher. *Ich dachte, wir sollen leise sein, damit uns die Nachbarschaft nicht hört?* Überrascht blicke ich zu meiner Schwester hoch. Tränen fließen aus ihren geschlossenen Augen, ihre Hände sind erhoben. Eindringlich und laut betet sie wie die anderen um sich herum, während sie das schlafende Baby im Takt der Musik wiegt. Ich stutze – *hat sie gerade etwas über unsere Mutter zu ihrem Gott gesagt?* Mein Blick gleitet über Motis glänzendes schwarzes Haar, das wieder so voll und kräftig ist wie in alten Zeiten. Ihre Wangen, vor Kurzem noch abgezehrt von der schweren Tuberkulose, sind wieder rund und rosig. Die Totenblässe ist verschwunden. Mein Herz hüpft vor Freude beim Gedanken, dass sie wieder gesund ist. Geheilt! Dieser Jesus habe sie geheilt, sagt meine Schwester jedem, ob er es hören will oder auch nicht. Und dabei müssen wir in diesem streng buddhistischen Land stets auf der Hut sein, denn die Polizei in Bhutan hat ein Auge auf alle, die aus der Reihe scheren. Das Verbreiten christlicher Lehren ist verboten. Ausländer wie wir stehen ohnehin im Verdacht, die Kultur Bhutans zu verfälschen. Hätte man diese geheime Versammlung entdeckt, wären wir alle dafür verhaftet worden und im Gefängnis gelandet.

Doch Moti spricht von nichts anderem mehr als ihrem neuen Glauben.

Vor ein paar Wochen noch hatte sie kraftlos im Bett gelegen und auf den Tod gewartet. Alle um sie herum, wir als Familie, ihr Ehemann, ihre kleinen Kinder, waren verzweifelt gewesen – ohne Hoffnung auf Hilfe oder Besserung. Bis es eines Tages an Motis Hütte geklopft hatte. Ein gläubiger Christ, der aus Südindien stammte, hatte einen Freund in unserer Siedlung besucht, in der wir als *Community* inzwischen mit rund 200 Gastarbeitern in Thimphu, der Hauptstadt Bhutans, zusammenlebten.

»Jesus ist auf die Erde gekommen, um Kranke und Leidende zu heilen«, erklärte er Motis Ehemann. Der hörte überrascht zu und erlaubte dem Fremden, für seine Frau zu beten. Er hatte schließlich nichts mehr zu verlieren – denn die Götter und Geistheiler hatten trotz all seiner Bemühungen nicht geholfen.

In der kommenden Zeit kam dieser Mann zweimal pro Woche vorbei und betete für meine Schwester. Nach ein paar Wochen ging es ihr Stück für Stück besser. Sie konnte wieder aufstehen, nahm an Gewicht zu und schließlich stellte der Arzt fest, dass sie völlig geheilt war. Wir waren ganz aus dem Häuschen! Das war ein Wunder!

Es dauerte dennoch einige Zeit, bis sie und ihr Mann sich diesem neuen Gott und Wundertäter ganz zuwandten. Doch der Tag kam, an dem sie sich für ihn öffnete: »Jesus, ich nehme dich an – nicht nur als meinen Retter, sondern auch als meinen Heiler und Herrn! Du weißt, dass ich vier kleine Kinder habe. Bitte verlängere mein Leben, sodass ich alle aufwachsen sehe. Dann will ich bereit sein, die Erde zu verlassen.« Und sie fügte noch ein Versprechen hinzu: »Wenn du mich heilst, werde ich allen von dir erzählen, die dich noch nicht kennen.« Und das tat sie mit aller Leidenschaft.

Sie begann bei meiner ältesten Schwester Nariwal, die ständig Trost im Reiswein suchte und sich auf dem Weg befand, eine

Geistheilerin zu werden. Auch sie hatte sich in ihrer elenden Situation für die Kräfte der unsichtbaren dunklen Mächte geöffnet. Ihr Ehemann trank am Anfang nur wenig, aber sein Alkoholkonsum nahm so sehr zu, dass er alkoholsüchtig und gewalttätig wurde. Sie suchte verzweifelt einen Ausweg.

Damals war die Not der Familie so offensichtlich gewesen, dass sogar der Chef der Straßenbau-Firma noch versucht hatte, meinem Schwager Sangey Tamang ins Gewissen zu reden. »Wählen Sie – wollen Sie den Alkohol oder Ihre Frau?«, hatte er ihn beschworen.

»Ich lasse beides nicht«, war die Antwort. Die Lage blieb hoffnungslos für Nariwal.

Doch es gab noch mehr Gründe, warum meine älteste Schwester verbittert war. Sie hatte als junge Ehefrau, als die Familie noch in Indien gelebt hatte, zwei ihrer Kinder verloren. Ihr ältester Sohn war noch ein Kleinkind gewesen. Sie setzte ihn einer Verwandten ins Tragetuch, um auf dem Feld an einem Berghang zu arbeiten. Doch das Tragetuch löste sich plötzlich und das Kind rollte vor ihren Augen den steilen Abhang hinunter. Der Kleine starb an seinen Verletzungen – ärztliche Hilfe gab es nicht. Ebenso dramatisch war der Verlust ihrer Tochter im Alter von acht Jahren, die versehentlich vergiftetes Essen zu sich genommen hatte und auf diese Weise qualvoll zu Tode kam.

Als Moti ihrer älteren Schwester begeistert von Jesus und ihrer Heilung erzählte, hatte Nariwal zunächst viele Zweifel. Ein fremder Gott, von dem man nur in Worten aus einem Buch hörte? Von dem es keine Bilder und Statuen gab? Zu dem man ohne Schrein und Gebetsmühlen einfach so sprechen konnte? Das sollte ausreichen?

Doch Moti gab nicht auf und lud sie immer wieder zu den Versammlungen der Hausgemeinde ein. Dort hatte sie bereits alle Glaubensgeschwister informiert, die stundenlang im Gebet für Nariwal und die anderen Familienmitglieder einstanden. In der

Zwischenzeit war unsere älteste Schwester so tief im Geisterglauben verstrickt und dem Alkohol verfallen, dass ihr unberechenbares Wesen für die Familie ein größeres Problem darstellte als ihr suchtkranker Ehemann.

Der Tag kam, an dem sie sich doch überwand und mitkam in die Gemeinde. »Schließ die Augen«, wies Moti sie an. Nariwal tat es, doch als der Leiter für sie beten wollte, wischte sie seine Hände mehrmals ärgerlich weg. Doch er war hartnäckig und band die dämonischen Mächte in ihrem Leben im Namen Jesu. Unter den geschlossenen Augen sah meine älteste Schwester unterdessen riesige Elefanten im Kampf miteinander. Beunruhigt fragte sie nach der Versammlung Moti, was dies zu bedeuten habe.

»Dies sind die bösen Mächte, die in dir kämpfen!«, erklärte sie ihr. »Die wollen nicht, dass jemand für dich im Namen Jesu betet.«

Dieses Erlebnis wurde für Nariwal zum Wendepunkt und veränderte ihre gesamte Familie und Ehe. Fortan ging sie mit Moti zur Gemeinde, vertraute ihr Leben Jesus an und wurde frei von ihren Süchten und Gebundenheit an die Geister. Sie wurde eine feurige Evangelistin, die viele zu Jesus führte und durch deren Gebete viele Menschen Heilung erlebten. Ein Jahr später kam ihr Mann ebenfalls zum Glauben an Christus, hörte auf zu trinken und schloss sich mit ihr der kleinen Gemeinde an, die sich inzwischen in unserer Community gebildet hatte. Die beiden gründeten später nach ihrer Rückkehr aus Bhutan im Süden von Nepal, in der Region Chitwan, eine der ersten Gemeinden, die bis heute sehr lebendig ist.

Nun glaubten damals schon zwei meiner Schwestern an Jesus. Gemeinsam gingen sie zur dritten Schwester, Laxmi. Sie und ihr Mann hatten auch eine schwierige Ehe, denn ihr Mann war gewalttätig und sie stritten oft. Auch waren sie familiär herausgefordert, da ihr Sohn immer wieder an epileptischen Anfällen litt. Weil die

Schwestern selbst erlebt hatten, wie Jesus heilt, boten sie ihrer Schwester Gebet an.

Der Junge versetzte seine Eltern oft in Panik, wenn er die Augen verdrehte, wirres Zeug stammelte und sich verkrampfte. Alle hielten ihn für besessen. Schamanen und Lama-Priester wurden zurate gezogen. Die Familie gab ihnen Geld und Opfergaben, wie Eier oder Hühner, damit sie die Geister befragten, ob eine Hexe das Kind verflucht habe oder wer oder was sonst an dem Elend schuld sei.

Diese heiligen Männer nahmen ihre Schamanentrommel, um unter dumpfen Schlägen, rituellen Bewegungen, Opfern und Beschwörungsformeln die Wahrheit ans Licht zu bringen. »Es ist der Geist der Vorfahren, der von eurem Sohn Besitz ergreift, weil er einen neuen Körper sucht«, so lautete das Ergebnis. »Die Anfälle sind ein Zeichen, dass euer Sohn ein Auserwählter der Götter ist. Gebt ihn am besten in ein Kloster«, rieten die Priester ihnen.

Ihr Sohn als Mönch mit kahlem Schädel und in rotem Gewand, der täglich um Almosen betteln musste? Das konnte sich Laxmi nicht vorstellen. Sie brachte es einfach nicht übers Herz, ihren Sohn allein in einem buddhistischen Kloster zurückzulassen.

Da erlaubte sie lieber Nariwal und Moti für ihn im Namen Jesu zu beten – und das Unerwartete geschah: Die epileptischen Anfälle verschwanden und traten nie wieder auf! Ihr Sohn war geheilt! Laxmi und ihr Mann waren so angetan und überrascht von dem Wirken Jesu, dass sie ihm ihre Herzen öffneten und Jesus Glauben schenkten. Und nicht nur sie: Auch ihr Sohn vertraute sich Jesus an.

Laxmis Ehemann diente später fast 30 Jahre lang als Pastor in einer Mega-Kirche in der Hauptstadt Nepals. Er war ein großes Vorbild in der Gemeinde und war bekannt für seine Freundlichkeit und Großzügigkeit. Wie tief greifend und lebensverändernd doch die Kraft Gottes ist!

Ich selbst war als Kind eine stille Beobachterin von all diesen Vorgängen. Regelmäßig ging ich mit zu Gottesdiensten, sang die Lieder, hörte zu, knabberte die begehrten Kekse – ohne wirklich zu verstehen, um was es in der Tiefe ging. Ich lauschte den leidenschaftlichen Gebeten – es wurde so lange gebetet, bis die Person zum Glauben kam oder Befreiung eintrat. Manchmal legten die Brüder einem hilfesuchenden Menschen sogar die Bibel auf den Kopf und befahlen den bösen Mächten, im Namen Jesu zu verschwinden. »Geht durchs Fenster«, riefen sie laut, »auch wenn es geschlossen ist! Aber geht im Namen Jesu!« Es herrschte eine feurige Atmosphäre des Glaubens in dieser kleinen Gemeinde! Menschen bekannten ihre Sünden, Heilungen geschahen und viele wurden von der Liebe Gottes berührt. Die Kraft Gottes war in dieser Gruppe von einfachsten Menschen, die meisten von ihnen Analphabeten, ganz konkret erfahrbar.

Dennoch blieb ich nur eine Zuschauerin und hatte keine persönliche Beziehung zu Gott. Niemand kam auf die Idee, mir irgendetwas zu erklären. Kinder waren in unserer Community von Wanderarbeitern nicht sonderlich wertgeschätzt und auch in der Hausgemeinde traute man uns nicht zu, dass wir irgendetwas von den geistlichen Wahrheiten verstehen würden. Darum gab sich keiner die Mühe, uns Kinder über den Glauben zu lehren. Hinzu kam, dass die Erwachsenen schlicht mit ihren eigenen Problemen beschäftigt waren.

Eines Tages, ich war etwa elf Jahre alt, nahm mich meine Schwester Moti beiseite und sah mir in die Augen: »Maina, ich weiß, du bist durch viel seelischen Schmerz gegangen. Dir wurde von Mutter viel angetan, weil sie glaubt, du seist verflucht. Und auch du denkst das, stimmt's?«

Fassungslos starrte ich meine Schwester an, weil sie es wagte, so etwas auszusprechen.

»Doch heute sage ich dir die Wahrheit: Wir sind alle gefallende Menschen wegen unseres Ungehorsams Gott gegenüber. Das habe ich in der Hauskirche gelernt. Erinnerst du dich an die Geschichte am Anfang der Bibel über den Garten Eden? Dort traf uns die Folge unseres Fehlverhaltens, unserer Sünde. Aber Gott in seiner Liebe und Geduld hat uns nicht aufgegeben! Er hat einen Weg gefunden, um uns vom Fluch zu befreien.« Sie zitierte den Bibelvers aus Johannes 3, Vers 16, den wir auswendig gelernt hatten.

> Denn Gott hat die Welt so sehr geliebt, dass er seinen einzigen Sohn hingab, damit jeder, der an ihn glaubt, nicht verloren geht, sondern das ewige Leben hat.

Ich nickte, weil ich den Vers gut kannte.

»Bitte glaube nicht länger, dass du ein Fluch bist! Jesus hat die Strafe für unsere Sünde auf sich genommen, indem er für uns am Kreuz starb.« Moti umfasste meine beiden Schultern und sah mich eindringlich an. Es war in mir, als ob ein Lichtstrahl in meine Dunkelheit hineinstrahlte. Wo vorher Kälte und Benommenheit waren, breitete sich jetzt Wärme und ein wohliges Gefühl in mir aus.

»Du bist kein Fluch! Bitte glaube mir«, meine Schwester schüttelte mich sanft. »Im 3. Kapitel des Galaterbriefes steht, dass Christus uns vom Fluch des Gesetzes gerettet hat. Am Kreuz nahm er den Fluch auf sich und wurde sogar selbst zum Fluch für uns![5] Er nahm auch deinen Fluch auf sich, verstehst du?« Sie lächelte mich an.

Plötzlich sickerte diese Wahrheit in mein zerbrochenes Herz und ich begann zu weinen. Die Erkenntnis überwältigte mich, dass es da einen Gott gibt, der mich ganz persönlich sah und liebte.

Und der um mein kaputtes, ausgemergeltes Herz warb! Es war unfassbar!

Mein ganzes Leben hatte ich niemals Liebe und elterliche Zuwendung erlebt. Mein Vater war so früh gestorben und meine Mutter ... Es war nicht in Worte zu fassen, welches Trümmerfeld all die Ablehnung in meiner Kinderseele hinterlassen hatte.

Ich schluchzte mir den Schmerz aus der Seele – plötzlich in der Gewissheit, dass mich einer hörte, der mich liebte. Niemals war mir im Buddhismus solch ein Gott begegnet. Sie erschienen mir fern, unberechenbar und keinesfalls interessiert an mir.

Und nun begegnete ich einem Gott, dem ich mein Herz ausschütten konnte, weil er für mich da war – für mich, Maina, ganz persönlich. Diese Begegnung veränderte alles! All der Schmerz darüber, dass niemand wirklich an mir interessiert gewesen war, mich gesehen oder geliebt hatte – all dieser Schmerz kam hoch und mein Herz fand zum ersten Mal wirklich Trost. Trost, Annahme und Liebe, die ich auf dieser Welt noch nie erlebt hatte. Und jetzt schien mein kleines Herz schier zu explodieren vor Überwältigung und dem, was gerade passierte. Ich fand endlich, was meine Seele gesucht und nie gefunden hatte: Freiheit und Frieden mit Gott. Und ich wusste, dass mein Herz jetzt sicher war bei dem, der mich schon immer geliebt hatte: Jesus.

All die Jahre der Dunkelheit, in denen ich Mantras sprach, Gebetsmühlen drehte, Opfergaben in die Tempel brachte, meditierte und versucht habe, Buddha durch meine guten Taten und das Vermeiden von irdischen Leidenschaften zu gefallen, waren ab jetzt Vergangenheit. Die Zeit der Dunkelheit war vorbei und das Leben im Licht begann. Jesus war so anders als irgendein anderer Götze. Er wollte Beziehung, nicht Religion. Er wollte mein Herz, nicht Rituale. Er wollte meine Liebe, nicht meinen Dienst. Er selbst ist die Wahrheit und das Leben und hat die Macht, Sünde zu vergeben und mich zu befreien. Oh, welch Jubel war da in meinem Herzen und welche Dankbarkeit über diese Erlösung!

BUDDHA

Buddha lebte etwa 600 v. Chr., war Hindu und stammte aus der Stadt Lumbini im Süden von Nepal. Der Geburtsort des damals indischen Prinzen Gautama Siddhartha ist heute eine Pilgerstätte für Hindus und Buddhisten zugleich. Als Buddha mit Leid konfrontiert wurde, verließ er Frau und Kind und führte ein asketisches Leben in Wanderschaft und Meditation. Wartend unter einem Pappelfeigenbaum fand er »Erleuchtung«, was der Name »Buddha« ausdrückt.[6]

Ich war mit meinen Tränen in der Gemeinde nicht allein. Viele weinten in dieser Zeit in unseren Gottesdiensten, wenn der Geist Gottes ihre Herzen anrührte und tiefe innere Verletzungen heilte. Auch in mir geschah die Heilung meiner seelischen Wunden in einem Prozess – oftmals weinte und schrie ich meinen Schmerz während der Lobpreis- und Gebetszeiten hinaus, bis ich zur Ruhe fand. Ich hatte vieles noch nicht verstanden und schien äußerlich in vielen Dingen weiterhin ein ungestümer Teenager zu sein. Doch ich wusste, ich bin geliebt! Das war etwas ganz Neues für mich und veränderte alles. Plötzlich betrachtete ich mein Leben aus einer neuen Perspektive. Zuvor hatte ich den Lehren Buddhas geglaubt, der meinte, das Leben bestehe aus Leiden. Nichts anderes als Schmerz hatte ich darum erwartet.

Aber als mir klarwurde, dass Jesus sich mein Leid aufgeladen hatte, war ich voller Liebe für ihn und Dankbarkeit ihm gegenüber.

Ab jetzt war ich nicht mehr allein. Ich folgte dem Gott, der von sich selbst sagt, dass er die Liebe ist. Ich fühlte mich wie ein kleines Kind, das die Welt mit neuen Augen sehen lernte. Jesus hatte mir vergeben. Welch eine Freude das war! Doch wusste ich auch, dass ich diese Erfahrung nicht für mich behalten sollte. Ich hatte Vergebung empfangen und durfte sie auch weitergeben – auch wenn mich das etwas kostete. So machte ich mich auf den Weg und nach und nach lernte ich auch der Person zu vergeben, die mich am meisten verletzt hatte: meiner Mutter. Wir sprachen zunächst kein Wort darüber – intime persönliche Dinge wurden in unserer Schamkultur, in der wir als Nepalesen in Bhutan lebten, nicht besprochen. Die Ehre der Familie war unser höchstes Gut und musste beschützt werden – doch meine Schwestern hatten dieses Prinzip mit ihrem neuen Glauben bereits kräftig ins Wanken gebracht.

Argwöhnisch und fasziniert zugleich beobachtete meine Mutter die Veränderungen, die der *Buch-Gott*, wie sie ihn nannte, in ihre Familie brachte. Lange war sie hin- und hergerissen. Auf der einen Seite waren die Wunder unbestreitbar und die Veränderungen in den Ehen meiner Schwester beeindruckten auch sie insgeheim. Auf der anderen Seite lebte sie als treue, hingegebene Buddhistin.

6

EIN NEUER NAME

Thimphu, Bhutan 1983

Ich trete in das kristallklare Wasser, das der Wang Chu aus dem Himalaya durch die grünen Berge Bhutans in die Ebene der Hauptstadt Thimphu herunterspült. Kurz stockt mir vor Kälte der Atem, dann tasten meine Füße vorsichtig über die spitzen Steine des Flussbettes vorwärts. »Warum gehst du nicht in einen Fluss und stirbst?«, hatte mir Mutter früher manchmal im Zorn hinterhergeschrien, wenn sie mir mit einem Prügel nachgejagt war. Ich schiebe die schmerzhaften Erinnerungen zur Seite – meine Vergangenheit soll nicht länger meine Zukunft bestimmen. Heute ist der Tag, an dem ich als 14-Jährige bewusst ein neues Kapitel in meinem Leben aufschlage. Denn heute ist meine Taufe.

Ich drehe mich noch einmal zu der Schar meiner Freundinnen und Familienmitglieder um, die sich an diesem sonnigen Tag im Gras am Ufer versammelt haben. Ganz vorne winken mir meine fünf Schwestern mit leuchtenden Augen zu. Daneben steht auch meine indischstämmige Freundin Priya, die zum Leitungskreis unserer Hausgemeinde gehört. Seit einiger Zeit steht sie der neu gegründeten Sonntagsschule vor und ich helfe ihr dort, die jüngeren Kinder zu unterrichten. Dabei habe ich nicht nur Gitarre spielen gelernt, sondern auch so viel über die Bibel, dass in mir der Entschluss gereift ist, mich taufen zu lassen.

Meine Entscheidung steht fest: Für alle Ewigkeit soll Jesus mein Gott sein. Den Göttern meiner Vorfahren diene ich nicht mehr. Ich habe mir für diesen Tag die Worte Jesu aus dem Johannesevangelium ausgewählt:

> Ich bin der Weg, die Wahrheit und das Leben.
> Niemand kommt zum Vater außer durch mich.
> *Johannes 14,6*

Das bekenne ich laut vor allen, während der Fluss um uns rauscht. Zu diesem Jesus und seiner Familie gehöre ich nun, in ihm gründet sich meine neue Identität. Darum will ich auch nicht mehr Maina heißen – dieser ungeliebte Name hat für mich ausgedient. Wie oft hatten mich Menschen als kleines Kind damit geärgert, indem sie mich zum Spaß in die runden Backen gekniffen hatten mit dem Spruch: »*Maina – takdir mah zhaina*!«, was so viel hieß wie »*Ach, Maina, du hast kein Glück*!« Das verletzte mich damals, weil es mir bestätigte, dass mein Dasein unter einem Fluch stand. Doch jetzt ist die Zeit der glücklosen Maina vorbei.

Ich sehne mich nach einem neuen Vornamen, der meiner neuen Identität Ausdruck verleiht. Bei uns ist ein Namenswechsel bei Taufen üblich. Da mir jedoch kein Name eingefallen war, hatte ich meine Freundin um Rat gebeten, die mir prompt einen passenden Namen vorschlug, der mir gefiel.

Ich trete im Wasser des Wang Chu zwischen die zwei Glaubensbrüder. Erwartungsvoll überkreuze ich die Arme vor der Brust.

»Maina, auf dein Bekenntnis hin taufen wir dich in den Tod Jesu hinein und in seine Auferstehung. Fortan sollst du Elizabeth heißen!«

Ich überlasse mich den starken Armen der Gemeindeleiter, die mich schwungvoll nach hinten ins Wasser tauchen. Für einen Moment schlagen die eisigen Fluten über mir zusammen. Dann tauche ich als neue Elizabeth wieder auf. Alle am Ufer jubeln. In meinem Herzen explodiert es vor Freude und Frieden. Überglücklich wate ich triefend aus dem Wasser. Jetzt bin ich eine neue Schöpfung und gehöre zu Jesus.

Wann immer sich die Gelegenheit bot, informierte ich die Menschen um mich herum, dass ich mich nun Elizabeth oder Eli nannte. Meine Mutter jedoch wollte sich gar nicht an den neuen Namen gewöhnen. Meine Entscheidung für Jesus passte ihr zunächst nicht. Erst viele Jahre später nannte sie mich Eli.

Dennoch bemerkte ich schon damals, dass auch an meiner Mutter die Jahre, in denen Jesus als Gott in die Familien ihrer Töchter eingezogen war, nicht spurlos vorübergegangen waren. Nach und nach veränderte sich die Atmosphäre in unserem Haus.

Natürlich versuchten Moti, Nariwal, Laxmi und die anderen ihr von Jesus zu erzählen. Doch Mutter wies zunächst unsere Versuche, sie für den neuen Glauben zu gewinnen, empört und entschieden zurück. Sie wurde sogar richtig wütend, weil wir die Götter unserer Vorfahren verlassen hatten.

Angesichts der schwierigen Lage zogen meine Schwestern die Verantwortlichen der Gemeinde ins Vertrauen. Moti gehörte in der Zwischenzeit bereits zum Leitungsteam. Gemeinsam beratschlagten alle, wie sie vorgehen sollten. »Lasst uns für eine gewisse Zeit beten und fasten, dass sich die Türen öffnen und wir mit ihr in Ruhe sprechen können«, schlugen Santa, Matti und Verges, die Gemeindeleiter, vor. Nach ein paar Wochen versuchte Santa mit einem weiteren Ältesten meine Mutter zu besuchen. Sie öffnete ihnen die Tür und bat sie herein, doch als die beiden irgendwann vorsichtig und höflich begannen, über Jesus zu sprechen, sprang sie auf und ging auf die Männer los. Unter einer Tirade von Schimpfwörtern drosch sie auf einen der Ältesten ein.

Die blauen Flecken führten danach jedem in der Hausgemeinde vor Augen, dass dieses Unternehmen gründlich misslungen war. Doch die Glaubensbrüder gaben nicht auf. »Lasst uns weiter für sie im Gebet eintreten und für das Wunder glauben, dass sie das Rettungsangebot Jesu annimmt! Der Heilige Geist ist stärker als die Mächte, die sie gefangen halten«, so ermutigte Santa die anderen.

Daraufhin betete die kleine Gemeinschaft von Christen noch intensiver, wies die Mächte der Finsternis über dem Leben meiner Mutter zurück und stand unermüdlich dafür ein, dass die Kraft des Heiligen Geistes in ihrem Leben wirksam werden möge.

Zu dieser Zeit geriet meine Mutter plötzlich in ernsthafte Schwierigkeiten. Ein Verantwortlicher aus der Community, der ihr Böses wollte, versuchte ihr einen Mord in die Schuhe zu schieben. Dies war nicht schwierig, da sie weithin als aufbrausend und gewalttätig bekannt war. Er bekam mit, dass sie einem Mann namens Hari Konsequenzen angedroht hatte, wenn er nicht bald geliehenes Geld an sie zurückbezahlen würde. Nachdem dieser Schuldner im Streit von meiner Mutter weggegangen war, war er plötzlich wie vom Erdboden verschluckt. Ihr Gegner nutzte dieses Verschwinden aus, um sie bei der Polizei anzuzeigen. Sie stand unter Verdacht, Hari umgebracht zu haben, und es drohte ihr Gefängnis.

Verzweifelt stritt sie die Gewalttat ab. Daraufhin gab ihr die Polizei eine Woche Zeit, den Schuldner zu bringen und das Gegenteil zu beweisen. Doch der Mann blieb verschwunden, auch wenn die ganze Familie ihn überall suchte – sie saß in der Klemme. In ihrer Verzweiflung bat sie meine Schwestern zum ersten Mal um Gebet und versprach: »Wenn euer *Buch-Gott* mich da herausrettet, dann will ich euch zuhören.«

Am vierten Tag dieser Woche war Motis Mann zufällig in der Stadt, um Medikamente für seinen kranken Sohn zu besorgen, als er am Busbahnhof den Gesuchten in einen Bus steigen sah. Die

Motoren liefen schon, als mein Schwager ihn gerade noch vom Trittbrett zerren konnte. Es stellte sich heraus, dass Hari sich gerade in die alte Heimat absetzen wollte – Mutters Gegner hatte ihm geraten, im Vorfeld ein paar Tage unterzutauchen, bis er ihm die benötigten Ausweispapiere für die Ausreise aus Bhutan besorgt hätte.

Gott benutzte dieses dramatische Erlebnis, um das Herz meiner Mutter zu bewegen. Sie hielt Wort und begann meinen Schwestern zuzuhören, wenn es um Jesus ging.

An einem Samstagnachmittag war sie so weit, dass sie die Gemeindeleiter zum Gespräch einlud, weil sie mehr über den Unterschied zwischen den buddhistischen Geistern und dem Heiligen Geist erfahren wollte. Da Erfahrungen mit den Dämonen zu ihrem Alltag gehörten, interessierte sie besonders, welche Kräfte denn der andere Gott zu bieten hatte und zu welchem Zweck man diese spirituelle Macht einsetzen könnte.

Die Brüder berichteten ihr von einer Geschichte aus Matthäus 17, in der ein Vater Jesus bittet, seinen Sohn von bösen Mächten zu befreien. Diese verursachten bei dem Jungen Anfälle. Jesus besiegte diese Mächte und heilte das Kind.

»Und solchen bösen Mächten hast du in deinem Leben ebenfalls Raum gegeben«, erklärten die Männer meiner Mutter. »Sie halten dich in einer Gefangenschaft, die dein Leben zerstört. Denk nur an den Alkohol!« Die Brüder luden meine Mutter ein, davon frei zu werden, indem sie den stärkeren Gott zum Herrn ihres Lebens erklärte. »Jesus will als Gott ganz persönlich für dich da sein. Er befreit Menschen von Sünde, Schuld und Scham und heilt auch deine inneren Schmerzen.«

Meiner Mutter war klar, dass es hier nicht um eine meditative Übung wie im Buddhismus ging, bei der man sich gemäß der Empfehlung Buddhas durch Konzentration, Meditation und eigener Anstrengung sowie durch das Meiden von Leid und Bösem hin zu einem besseren, »erleuchteten« Menschen entwickelte. Sie lechzte nach einem inneren Frieden, den sie bis dahin nicht gefunden hatte. Die Christen lasen ihr eine Stelle aus der Heiligen Schrift vor, in der Jesus genau das versprach:

> Ich lasse euch ein Geschenk zurück – meinen Frieden. Und der Friede, den ich schenke, ist nicht wie der Friede, den die Welt gibt.
>
> *Johannes 14,27*

Als sie diese Worte hörte, nickte meine Mutter. Ja, das wollte sie – diesen Frieden, diesen Gott. Sie war einverstanden, Jesus ihr Leben in einem Gebet zu übergeben und sich Christus anzuvertrauen. Doch als sie den Mund öffnete, um die Worte nachzusprechen, die ihr Santa als Hilfe vorsprach, schwankte sie plötzlich und stürzte zu Boden. Einer ihrer gefürchteten Anfälle kam über sie, schüttelte sie und verdrehte ihr die Gliedmaßen. Heftig schlug sie mit Händen und Füßen um sich, sodass – wie immer, wenn sich die Geister ihrer bemächtigten – ihre Schwiegersöhne herbeieilten, um sie am Boden festzuhalten, damit sie sich selbst und andere nicht verletzte.

Die Gemeindeleiter hatten sich auf eine Gegenreaktion der Dämonen, die meine Mutter als Medium benutzt hatten, eingestellt. »Wir gebieten euch im Namen Jesu Christi, verlasst Full Maya und ihr Haus!«, riefen sie unerschrocken und bekannten immer wieder, dass Jesus der Sieger über sämtliche Geister und Götter ist. Auf einmal sprachen fremde Stimmen aus dem Mund meiner

Mutter. Die Insassen weigerten sich zu gehen, doch die Christen im Raum blieben hartnäckig dabei, Heilung und Freiheit für meine Mutter im Namen Jesu zu beanspruchen. Und das für mehrere Stunden! Es war ein geistlicher Kampf.

Irgendwann begann meine Mutter fürchterlich zu husten – etwa eine Stunde lang. Dann legte sich der Sturm. Meine Mutter lag regungslos auf den Matten am Boden – und war frei. Inzwischen war es zwei Uhr nachts; sechs Stunden hatten die Beter an ihrer Seite gerungen.

Einer der Gläubigen blieb bei ihr. Am nächsten Morgen war es ihr möglich, das zu tun, was sie aus freien Stücken wollte: Sie bekannte ihre Schuld, nahm im Glauben an, dass Jesus ihr vergeben hatte, und erklärte ihn zum Herrscher und Gott ihres Lebens. Dann lud sie den Heiligen Geist ein, sie auszufüllen. Ein lauter Freudenschrei erscholl an diesem Tag in unserer Hütte! Von dieser Stunde an rührte sie keinen Tropfen Alkohol mehr an. Ihre Sucht und Gebundenheit waren besiegt, ihr Leben für immer verändert.

»Schwester, wenn du mit Jesus leben willst, musst du dich auch von all diesem kultischen Zeug trennen«, rieten ihr die leitenden Brüder unserer Gemeinde. »Am besten, du vergräbst alles.« Zu meiner großen Überraschung gehorchte meine sonst so eigenwillige Mutter ohne Widerspruch. Sie grub mithilfe der Männer ein Loch und warf alles hinein: ihre kleinen Lampengefäße, Gebetsmühlen, Räuchertöpfchen, Hütchen, Weihrauch, die Schüsseln und Kannen für das heilige Wasser sowie den Hausaltar. Entschlossen warf sie Erde darauf und buddelte es nie mehr aus.

Natürlich war die Veränderung eine Sensation in der gesamten Community der nepalesischen Wanderarbeiter. Jeder sah, dass meine Mutter eine völlig andere Frau geworden war – genauso wie ihre Familienmitglieder. Das machte viele in Bhutan neugierig auf diesen neuen Gott und sie erzählte allen bereitwillig davon, wie

Jesus sie aus dem Reich der Finsternis versetzt hatte ins Reich des Lichts.

Auch in der Beziehung zwischen meiner Mutter und mir begann langsam ein Heilungsprozess – ganz behutsam. Anfangs geschah das völlig ohne Worte – wir waren ja überhaupt nicht darin geübt, über Persönliches zu sprechen, geschweige denn über Gefühle und Verletzungen. Aber wir beide hatten den Heiligen Geist in uns und wir wussten, was zu tun war. Wir ließen einander frei aus allen Anklagen und Vorwürfen, und ich konnte durch die Kraft Gottes meiner Mutter vergeben.

Erst viele Jahre später konnten wir das Geschehene auch in Gesprächen aufarbeiten und unsere Versöhnung in Worte fassen. Da bat mich meine Mutter auch um Verzeihung für alles, was sie mir als Kind angetan hatte, und ich konnte ihr von Herzen antworten: »Ich vergebe dir!«

Zu der Zeit in Bhutan, als all diese Veränderungen in mir und meiner Familie geschahen, ging ich als Teenager dank der Unterstützung meiner Schwestern weiter fleißig zur Schule. In meiner Freizeit und vor allem in den zehn Wochen Winterferien arbeitete ich, um mir das Schulgeld sowie etwas Taschengeld zu verdienen.

Also hütete ich die Kleinen meiner Schwestern und half regelmäßig in den Restaurants mit, die sie eröffnet hatten. Mit ihrer Entscheidung für den neuen Glauben ging es auch wirtschaftlich mit unserer Familie bergauf.

Suk Maya eröffnete mitten in der Stadt Thimphu in der Nähe des Kinos ein kleines Restaurant am Marktplatz. Sie verkaufte Reis, Dal Bhat, Tee, Früchte und fettgebackene Puri, was großen Anklang fand. Regelmäßig half ich ihr aus und ging am Sonntagnachmittag dort in die neusten Filme aus Bollywood, die voller Tanz und Musik waren – ein anderes Freizeitangebot gab es damals für uns nicht.

Laxmi betrieb mit Erfolg eine Kantine in der Nähe der Arbeitsstelle ihres Mannes, wo alle Büroangestellten der Umgebung zum Mittagessen kamen. Nach der Schule ging ich auch dort oft zum Essen hin und half bis zum frühen Abend mit Kellnern und Spülen. Ich servierte Tee und Reis, balancierte die Nudeln von der großen Blechschüssel in kleine Suppenschalen und formte mit den anderen der Familie unsere Spezialität *Momos* – das sind Teigtaschen, die im Dampf gegart werden. Um sie herzustellen, halfen bei uns alle zusammen: Einer knetete den Teig, der Nächste stach mit einem Glas die runde Form aus, der Nächste füllte sie mit einer Fleisch- oder Gemüsefüllung und klebte sie zu, und der Letzte setzte sie in den Dampftopf auf dem Feuer. Vor allem in den Winterferien verbrachte ich viele Stunden damit, Momos herzustellen.

Dabei herrschte immer eine beschwingte Stimmung in Laxmis Restaurant, denn sie besaß einen Schallplattenspieler und genau zwei Schallplatten. Diese Liebeslieder auf Hindi liefen den ganzen Tag! Bald schon konnte ich sie in- und auswendig und sang sie aus voller Kehle mit. Die Melodien nahmen mich mit in die Welt von Bollywood, wo tapfere Helden für die Armen kämpften. Jeden Sonntag führten mir die Filme die raue Lebenswirklichkeit der sozial Benachteiligten vor Augen und wie sehr sie unter der Ungerechtigkeit litten, die ihnen schlechte Menschen zufügten.

In meinem jungen Herzen wuchs dabei ein Traum heran: Während ich mit mehligen Fingern Momo-Teigtaschen klebte, sah ich mich im Geist als Anwältin der Armen, intelligent und schön, an einem Schreibtisch sitzend. In sauberer Kleidung – wie eine Königin – wollte ich vor allem Kindern, denen Unrecht geschah, zu ihrem Recht verhelfen. Jawohl! So malte ich mir mein späteres

Leben aus, auch wenn ich noch wie ein Aschenputtel im Märchen die schmutzigen Teller in der Hocke am kalten Wasser spülte … Oft summte ich diese Melodien vor mich hin und ahnte nicht, dass sich dieser Traum erfüllen sollte, wenn auch anders als gedacht.

Eines Tages hatten wir in der Schule eine Vertretungslehrerin, die keine Idee hatte, was sie mit uns anstellen sollte. »Maina könnte doch was singen!«, schlug eine meiner Klassenkameraden vor, »Sie summt immer und kann ein Lied auf Hindi!«

So kam es, dass ich das Schallplatten-Lied vorsang. Die Lehrerin schmolz dahin und erzählte es begeistert meiner Klassenlehrerin, die die Ehefrau des Schuldirektors war und der ich es ebenfalls vorsingen durfte. In meiner Jugendzeit war es sehr selten, dass ein Mädchen so gut und auch noch allein singen konnte. Schnell war ich als Talent für die jährlichen Schulfeste und Kulturprogramme entdeckt, bei denen ich fortan mit meiner Gitarre auftrat. Ich trug Sololieder vor und ich sang außerdem die Melodien für die Volkstänze, zu denen die anderen tanzten.

Eines Tages gab es ein großes Kulturprogramm in einer benachbarten Schule, auf die ich gerne wechseln wollte, weil der Englischunterricht dort einen guten Ruf hatte.

Meine Klassenlehrerin war sehr stolz auf mich und fädelte dort einen Auftritt für mich ein. Zu Hause grübelte ich, was ich singen sollte. Zu dieser Zeit war ich schon gläubig an Jesus, aber das hielt mich nicht davon ab, ein ungestümer und frecher Teenager zu bleiben.

Wagemutig wie ich war, beschloss ich, eines meiner Lieblingslieder aus der Hausgemeinde bei diesem Anlass zu singen. Vor einer vollen Aula mit fremden Schülern, Eltern und Lehrern trat ich an jenem besagten Tag mit weichen Knien, meiner Gitarre und in meinem besten Kleid auf die Bühne. Ich hatte ordentlich Lampenfieber – aber ich wusste, es ist dran, dieses Lied zu singen.

Der Text lautete in etwa so:

Ich habe mein Leben Gott übergeben,
deshalb werde ich kein weltliches Lied mehr singen.
Gefühle und Liebe in dieser Welt sind bedeutungslos.
Leer und vergänglich ist die Welt.
Die einzige wahre Liebe, die bleibt, ist in Gott.
Ich suchte nach der Wahrheit in den steinernen Götzen
und lobte die Sterne des Himmels, aber ich habe mich geirrt.
Ich betete sie an und glaubte, sie seien Götter,
aber ich habe mich geirrt.

Die Menge war begeistert! Ich bekam über viele Ecken Lob und positive Rückmeldungen zu hören, die mich ermutigten weiterzusingen, obwohl Bhutan damals schon ein streng buddhistisches Land war, das keine Andersdenkenden duldete.

Ein Nepalese aus unserer Community arbeitete bei einem hohen Beamten als Hausangestellter. Der hatte mich in der Aula singen gehört und sprach ihn auf mich an und ließ mir Grüße ausrichten. Der Landsmann meinte zu mir: »Mein Boss war schwer beeindruckt von dir!«

Diese Anerkennung war für mich, die ich so viel Ablehnung als Kind erlitten hatte, Balsam für die Seele und half meinem angeschlagenen Selbstwertgefühl, sich zu erholen.

Während unserer Zeit als Familie in Bhutan verkündeten meine Schwestern und schließlich auch meine Mutter allen und überall unerschrocken das Evangelium. Die Hausgemeinde wuchs und wuchs und die drei Räume unseres Hauses waren bis auf den letzten Winkel voller Menschen! Es war eine unglaubliche Dynamik voller Leidenschaft für Jesus, Bekennermut und Wunder.

Wir ahnten damals nicht, dass die politischen Unruhen, die auf Bhutan zurollten, auch unsere Familie räumlich zersplittern würde. Ausländer, die ihre eigene Kultur pflegten, waren Ende der 80er-Jahre im »Land der Drachen« zunehmend unerwünscht – auch wir als Nepalesen. Im Rahmen einer sogenannten Assimilierungspolitik verordnete das bhutanische Könighaus der gesamten Einwohnerschaft, sich der Kultur Bhutans anzugleichen. Damals lebten zahlreiche Wanderarbeiter aus Nepal und Indien in dem kleinen bergigen Königreich. Auf einmal sollten wir unsere nationalen Gebräuche aufgeben, nur noch in der Landessprache Dzongkha sprechen und uns an die traditionellen Kleidervorschriften Bhutans halten – oder eben das Land verlassen.

Natürlich regten sich Proteste, da viele Einwanderer schon über Generationen in Bhutan lebten, sich Existenzen aufgebaut hatten, gut verdienten und ihre Kinder, so wie auch ich, hier zur Schule gingen. Der Widerstand wiederum rief die Polizei von Bhutan auf den Plan, Menschen verschwanden plötzlich, Wortführer wurden erschossen, Angst breitete sich aus.

Meine Schwester Laxmi geriet ins Visier der Polizei, als jemand die nächtlichen Treffen der Hausgruppe anzeigte, die wöchentlich bei ihr stattfanden. Hals über Kopf musste sie mit ihrer Familie nach Nagaland im Norden von Indien fliehen. Ihr florierendes Restaurant übergab sie in einer Nacht-und-Nebel-Aktion an unseren Bruder Bikash. Sie fehlte mir sehr, da mir auch ihre Familie zur zweiten Heimat geworden war. Aber nicht nur das stellte eine große Änderung in meinem Leben dar. Auch endete in diesem Sommer die Möglichkeit, meine bisherige Schule zu besuchen, da diese erst im Aufbau war und nur bis zur 8. Klasse ging. Was sollte ich jetzt tun?

Für mich war klar: Ich möchte weiter lernen – auch wenn meine Freunde nicht weiter zur Schule gingen und meine Familie erwartete, dass ich arbeitete. Aber ich hatte Wissensdurst und wollte unbedingt Englisch lernen und ein Bachelorstudium absolvieren. Dieser Wunsch brannte so sehr in mir, dass ich beschloss, meiner Schwester Laxmi hinterherzureisen und in Indien weiter auf die Schule zu gehen. Keiner in der Familie hatte etwas dagegen. Mit kleinem Gepäck trat ich die viertägige Reise an. Ich wusste nur den Ort, wo sie lebte: Kohima in Nagaland. Sonst nichts.

Meine Schwester Laxmi ahnte nicht einmal, dass ich zu ihr unterwegs war – wir hatten damals kein Telefon und so konnte ich sie nicht vorab informieren.

Nach einer ganztägigen Busreise von Thimphu über die Grenze Bhutans bei Jaigaon fand ich mich mutterseelenallein auf einem Bahnhof im indischen Alipurduar wieder. Meine größte Angst war, den Zug nach Guwahti zu verpassen, der irgendwann in der Nacht gegen 2 Uhr kommen sollte. Von Moskitos umschwirrt, legte ich mich mitten auf dem Bahnsteig auf meinen Rucksack und kämpfte dagegen an einzuschlafen … Ich erwischte den Zug und kam wohlbehalten an. Doch das sollte nicht meine einzige abenteuerliche Reise zwischen den Ländern gewesen sein …

7

BILDUNG, REISEN UND MENSCHENHANDEL

Indien 1986–1991

»Halt, warten Sie!« Der bhutanische Grenzsoldat im großen Tor der bunt bemalten Pagode hebt vor mir die Hand. Vor Schreck bleibt mir die Luft weg. Was will er noch?

»Kommen Sie bitte mit!« Der Mann im olivgrünen Anzug scheint nicht zu Späßen aufgelegt.

»Aber warum? Was wollen Sie von mir?« Nervös wechsle ich meinen kleinen Koffer von der einen in die andere Hand und sehe mich in der Menschenschlange neben meinem Bus am Grenzübergang von Indien zu Bhutan um. Vielleicht liegt eine Verwechslung vor?

Doch der Mann meint mich und mustert mich mit verkniffenen Augen. »Wir haben Informationen, dass Sie eine Spionin sind. Folgen Sie uns!«

»Ich? Eine Spionin?« Ich atme stoßartig aus. »Ich bin eine ganz gewöhnliche Studentin!« Hektisch krame ich in meiner Handtasche nach der Studienbescheinigung.

»Wir haben per Telefon die Nachricht bekommen, dass in diesem Bus eine Spionin sitzt!« Ein zweiter Wachsoldat tritt neben mich und fordert mich mit einem Zeichen auf, mich zwischen den Männern in Bewegung zu setzen. Flucht ist unmöglich. Meine Beweise interessieren sie nicht.

»Glauben Sie mir, ich studiere in Darjeeling …«, beteure ich im Losgehen, während ich auf eine verständnisvolle Regung in den steinernen Zügen unter den Soldatenkappen hoffe. An den muskulösen Armen prangt auf rot-gelbem Grund der Drache von Bhutan.

Gerüchte schwirren mir durch den Kopf, nach denen Personen, die an der Grenze von Bhutan mitgenommen werden, verschwinden und nie mehr auftauchen. Mir klopft das Herz bis zum Hals. »Bitte«, flehe ich, »glauben Sie mir!«

Doch die Grenzsoldaten marschieren regungslos weiter.

Gott, schreie ich innerlich vor Verzweiflung. *Tu was! Irgendwas! Aber rette mich!*

Ihm bleiben für ein Wunder noch gut 200 Meter, die uns von der Grenz-Pagode bis zum angesteuerten Hauptquartier fehlen. Nur noch eine Straße, die wir überqueren müssen … dann würde sich meine Spur im Ungewissen verlieren.

Bitte, Jesus, du weißt, ich bin unschuldig. Greif ein! Tränen steigen in mir hoch. Ich schluchze leise, während im Bruchteil von Sekunden all die Bewahrungen vor meinem inneren Auge vorbeiziehen, die ich auf meinen zahlreichen Reisen zwischen Bhutan und Indien in den letzten Jahren erlebt habe.

Angefangen bei meiner ersten Reise von Thimphu nach Nagaland zu meiner Schwester Laxmi, bei der ich als 17-Jährige wie eine Obdachlose voller Angst auf dem Bahnsteig genächtigt hatte, nur um den Zug nach Indien zu erwischen, was mir auch gelungen war.

Ich denke an die Rikscha-Fahrer beim Umstieg damals im indischen Assam, die meine Hilflosigkeit hätten ausnutzen können und mich dennoch sicher zum richtigen Busbahnhof geradelt hatten. Gott hatte damals zweifellos seine Hand im Spiel gehabt! Auch auf den Bus wartete ich stundenlang, bevor mich das voll besetzte klapprige Ding durch die Nacht nach Dimapur schaukelte, wo ich in den frühen Morgenstunden wiederum Engel brauchte, um die Stadt Kohima und meine Schwester zu finden. Laxmi hatte dort wieder ein Restaurant eröffnet, dessen guter Ruf sich bereits in der Stadt verbreitet hatte.

Als junge Frau allein zwischen Bhutan, Nepal und Indien unterwegs zu sein, war gefährlich. Oft erlebte ich, dass Gott mich beschützt hat – manchmal habe ich selbst etwas mit meiner temperamentvollen Art mitgeholfen.

Einmal war ich zur Zeit des hinduistischen Holi-Fests auf Reisen. Bei diesem Fest nehmen sich die jungen Männer etwas mehr Freiheiten heraus als sonst. Sie füllen kleine Ballons mit gefärbtem Wasser und werfen sie den jungen Frauen hinterher – bevorzugt auf Körperteile wie etwa den Allerwertesten. Mein Bus hielt wieder einmal an einer Station, wo es Tee an einer Imbissbude gab, als eine Gruppe von Jungen auf mich aufmerksam wurde. Ich saß noch im Bus hinter einem offenen Fenster und hatte überhaupt keine Lust darauf, mit Farbe beworfen zu werden. Doch sie machten weiter Faxen und anzügliche Gesten, woraufhin ich das Fenster schloss. Als sie mich immer noch nicht in Ruhe ließen, ging mein Temperament mit mir durch. Ich stieg aus dem Bus, schnappte mir den nächstbesten Stein am Boden in der festen Absicht, jeden Luftballonangriff damit zu erwidern. Die Kerle verstanden meine Geste und suchten das Weite. Das hätte auch anders enden können …

Seitdem hatte ich viele Reisen unternommen. Auch mit meiner Schwester Moti war ich oft unterwegs, die in Bhutan nach dem Kauf einer Strickmaschine ein kleines Strickwaren- und Modegeschäft aufgebaut hatte. An ihrer Seite lernte ich, wie man Geschäfte machte und in den Straßenläden und Basaren verhandelte, um neue Waren zu kaufen.

Aber in jener Stunde, als mich die Grenzpolizisten an der Grenze zu Bhutan abführten, verging mir das Lachen. Würden sie mich einsperren und vergessen? Oder gar erschießen? Ohne Hoffnung auf Hilfe sah ich mich auf der Straße um. Ich traute meinen Augen kaum – hatte ich diesen Mann nicht schon einmal gesehen, der da mit einem anderen über den Platz schlenderte? Er gehörte doch zu den Kunden im Geschäft meiner Schwester, oder?

»Bruder«, rief ich ihm verzweifelt zu, »bitte hilf mir. Sie sagen, ich wäre eine Spionin. Aber du kennst mich doch vom Laden meiner Schwester! Stimmt's?« Er blieb stehen und musterte mich überrascht. Auch die beiden Grenzsoldaten hatten angehalten. Zögernd kam er näher. »Ja, genau, du bist Motis Schwester!« Er wandte sich an die Uniformierten. »Sie ist wirklich eine Studentin. Sie gehört zur Familie einer Bekannten in Thimphu, wo ich immer einkaufe.«

»Sie kennen die Frau?«, hakte der Grenzoffizier mit kritischem Blick nach.

Der Bekannte nickte. Ich zog die Studienbescheinigung aus der Handtasche und hielt sie mit zitternden Händen hin.

»Na gut …«, brummte der Grenzsoldat, drehte mit seinem Kollegen ab und ließ mich einfach stehen. Ich war gerettet!

In Nagaland angekommen hatte ich die Möglichkeit, mich gleich mit meinem neu gewählten Namen Elizabeth offiziell in der indischen Schule einzuschreiben. Damit war der Namenswechsel amtlich – was damals auf diese Weise funktionierte. In den Tests zur Einstufung zeigte ich so gute Leistungen, dass man mir anbot, eine Klasse zu überspringen, was ich aufgrund meiner späten Einschulung und meines vorgerückten Alters gerne annahm. Ich hatte es satt, immer zwei Jahre älter als meine Mitschüler zu sein! Allerdings war der Preis dafür harte Arbeit. Oft stand ich schon um fünf

Uhr morgens auf, um für die Schule zu lernen. Doch ich schaffte es – und mich packte der Ehrgeiz. Meine Brüder studierten zu dieser Zeit an einem sehr angesehenen Ort, an dem sonst nur Kinder reicher Leute eine Ausbildung genossen. Der Name der Stadt ist weltweit wegen seines herrlichen Tees berühmt: Darjeeling.

Darum fasste ich den Entschluss, nach der 10. Klasse dort aufs *North Point College* zu gehen. Wieder unternahm ich eine viertägige Reise mit Bus und Bahn. Mein Bruder Bejoy empfing mich voller Freude, denn er war dort allein. Zu diesem Zeitpunkt war mein ältester Bruder gerade nach dem Schulabschluss in die alte Heimat Bhutan zurückgegangen, um zu heiraten und Laxmis Restaurant weiterzuführen.

Allerdings gab es in Darjeeling einen kräftigen Dämpfer für meine Begeisterung: Die Aufnahmeprüfungen waren so schwer, dass regelmäßig ein Großteil der Bewerber durchfiel – außerdem fehlte mir ja bereits ein Schuljahr in Indien, das ich selbstständig nachgearbeitet hatte.

Aber was sollte ich tun, wenn ich nicht bestehen würde? Ich musste es schaffen. Es gab keinen Plan B. Während ich tief in meinen Gedanken versunken war, erinnerte ich mich plötzlich an einen Vorfall, der meinem Schwager Jagat, Laxmis Ehemann, in Bhutan passiert war. Er wurde von einer Schlange gebissen. In den nächsten Tagen entzündete sich das Bein und er ging zum Arzt und bekam einige Medikamente, die aber leider nicht halfen. Die Entzündung wurde immer schlimmer und führte nach etwa einer Woche dazu, dass das Bein unterhalb des Knies langsam abstarb.

Meine Familie und einige Gemeindemitglieder beschlossen, drei Tage für Jagat zu fasten und zu beten. Und dann passierte es! Gott tat ein Wunder! Er erhörte ihr Gebet und heilte ihn! Jagats Bein war wieder gesund und voll funktionsfähig.

So wusste ich jetzt, was ich tun würde: Ich beschloss, 40 Tage zu fasten und zu beten und Gott zu bitten, dass er mir Gelingen für diese Prüfung schenkte.

Ich aß nur abends eine Kleinigkeit und trank Tee – und bereitete mich auf das Examen vor.

Mein Bruder suchte während dieser Zeit eine geeignete Unterkunft für mich als junge Frau – die Kostplätze als sogenannter paying guest (»zahlender Gast«) in einer Familie waren sehr begehrt. Durch einen Freund kam er in Kontakt mit einer Witwe, die Christin war. Sie hatte jedoch nicht sonderliche Lust darauf, ein Mädchen aufzunehmen. Ihrer Erfahrung nach machten diese nur Probleme, wenn sie ausgingen und spätnachts nach Hause kamen. Vor einer Zusage wollte sie mich erst einmal unter die Lupe nehmen. Darum ging ich mit Bejoy, seiner Freundin und einem Freund hin, um mich vorzustellen.

Später erzählte mir Aunty – wie ich sie liebevoll nannte –, sie habe innerlich zu Gott gesagt: »Wenn es die eine ist, die du vorgesehen hast, nehme ich sie. Wenn nicht, dann werde ich sie nicht aufnehmen.« Doch Gott sei Dank! Ich war die eine und durfte bei ihr einziehen. Mein ältester Bruder Bikash schickte treu aus Bhutan das Kost- und Schulgeld, das er im Restaurant erwirtschaftete. Dank meiner fürsorglichen Geschwister musste ich mir nie Sorgen um Geld machen; sie trugen mich finanziell durch und unterstützten mich, wo sie nur konnten. Ich war von Herzen dankbar dafür. Als ich dann auch noch die Aufnahmeprüfung bestand, war meine Freude unbändig.

Voller Eifer stürzte ich mich in das Lernen, fand neue Freundinnen und besuchte mit meiner Gastgeberin, die mich bald wie eine Tochter behandelte, eine christliche Gemeinde.

Nach dem Gottesdienst trafen sich die Christen zu Tee und Gebäck in einem anderen Haus, wo ich mit meiner neu gefundenen Ersatzmutter auf dem Heimweg einkehrte. Dort bewunderte ich das Können eines kleinen Musikteams, das dort regelmäßig spielte. In mir wuchs der Wunsch, Klavier spielen zu lernen. Da der Lehrer jedoch keine freien Plätze mehr hatte, bot man mir an, Geige spielen zu lernen. Ich war so lernbegierig, dass ich auch das versuchen wollte – und meine Umgebung war wirklich gnädig mit mir … Geduldig ertrug meine Hausmutter mein erstes Gequietsche beim Üben, das keiner hören wollte. Als ich es dann besser konnte, freuten sich alle an meinem Spiel.

In Darjeeling genoss ich vor allem, dass ich mich zum ersten Mal in meinem Leben nur um mich selbst kümmern musste. Ich hatte kaum Pflichten im Haushalt und konnte einfach in Ruhe studieren. In meiner Freizeit ging ich joggen, übte mein Instrument und traf mich mit Bekannten. Es war einfach schön hier. Die alten Häuser und edlen Villen im Kolonialstil erinnerten mich daran, dass Darjeeling in den Zeiten, als Indien eine britische Kolonie war, ein Erholungsort für die englische Oberschicht war.

Ich fühlte mich meinem Traum, einmal den Rechtlosen und Armen als Anwältin zu helfen, näher als je zuvor. Bei meinen Reisen durch Indien rührte mich der Anblick der bettelnden und verdreckten Straßenkinder, die an den Busstationen und Marktplätzen herumlungerten und die Hände den Passanten hinstreckten.

Mit einem besonders finsteren Übel wurde ich bei zwei meiner Reisen in Indien konfrontiert. Der Anlass für die erste Reise war, dass ich in einer Zeitschrift von einem Medikament gelesen hatte, das Wachstum versprach. Da ich mir als junge Frau mit einer Größe von 1,51 Metern sehr klein vorkam, war mein Interesse geweckt!

Allerdings war das Medikament nur in einem speziellen Geschäft in Delhi, einer großen Stadt in Indien, erhältlich.

Es gelang mir, einen älteren Mann aus meinem christlichen Bekanntenkreis zu überreden, mich auf diese dreitägige Reise zu begleiten. Schon als ich in dieser Großstadt in einem Hotel eincheckte, spürte ich eine Atmosphäre, die mich ahnen ließ, dass Delhi kein guter Ort für Frauen war. Da ich doch mehr Angst hatte als gedacht, begann ich zu fasten. Mein Begleiter selbst übernachtete bei einem Freund, dem Direktor einer Südasien-Mission. Dieser Direktor hatte mir angeboten mich am nächsten Tag mit dem Motorroller zum gesuchten Geschäft zu fahren. Ich saß hintendrauf und wir kurvten durch die Straßen. Der Verkehr wurde immer dichter, die Häuser immer heruntergekommener und mir war klar, dass wir uns nun in einem ärmeren Viertel von Delhi befanden. Die Gassen waren eng und voller Dreck, die Menschen wirkten abgehärmt und schlecht gekleidet. Plötzlich bogen wir in eine Gasse ab, in der auf beiden Seiten Männer standen, die laut rufend winkten. »Hier, hier!«, schrie es von allen Seiten. »Hierher, zu mir!« Verwirrt sah ich mich um. Mein Fahrer gab auf einmal mehr Gas. Erst später wurde mir klar, was diese Männer gewollt hatten: Sie dachten, ich wäre Nachschub für käufliche Liebe.

Gerade Mädchen aus Nepal sind in Indien als Prostituierte sehr begehrt. Sie gelten als gefügig – und Tausende werden jedes Jahr Opfer von Menschenhandel. Unwissend und mit falschen Versprechen geködert, werden sie von den Bergdörfern Nepals in die Bordelle Indiens verschleppt, wo sie kaum entrinnen können. Inzwischen gibt es Organisationen, die es sich zur Aufgabe gemacht haben, sie zu befreien. Allerdings stehen die traumatisierten Frauen, wenn ihnen die Flucht überhaupt gelingt, zurück in der Heimat vor neuen Barrieren. Entehrt und mittellos werden sie oft von ihren Familien nicht mehr aufgenommen und stehen buchstäblich vor dem Nichts.

Bei einer Reise nach Mumbai wurde ich noch einmal mit diesem Thema konfrontiert. Begonnen hatte es mit der Hochzeitsreise meiner Gastmutter. Sie verheiratete sich neu und lud mich ein, sie und ihren Mann auf die Reise nach Indien zu begleiten. Da ich für mein Leben gerne unterwegs war, sagte ich zu. Nach einer dreitägigen Zugreise kamen wir völlig erschöpft mitten in der Nacht in Mumbai an. Wir stiegen in ein Taxi und ließen uns zu irgendeinem Hotel fahren.

Als ich am Morgen zum Frühstück wollte, trat ich in den Gang und sah meinen Zimmernachbarn, der die Tür gegenüber weit geöffnet hatte, splitternackt vor dem Spiegel stehen. Er winkte mich grinsend zu sich. Geschockt schlug ich die Tür zu. Etwas später wagte ich mich aus dem Hotelzimmer und rannte so schnell ich konnte zu meinen zwei Freunden.

Wir beschlossen, ein Restaurant außerhalb zu suchen, und gingen zu dritt die Straße entlang. Wieder erlebte ich eine ähnliche Szene wie in Delhi. Auf beiden Seiten der Straße riefen Männer: »*Give me! Give me!* Gib sie mir!« Die Zuhälter winkten dem Mann meiner Gastmutter zu. Hinzu kamen in Mumbai noch die Rufe der Frauen, die sich mit ihren dicken Halsketten aus den Fenstern der oberen Stockwerke ihrer Bordelle lehnten. Sie waren entsprechend weiblich zurechtgemacht, tätowiert, mit Glitzer und Blumen im Haar. Auch sie nahmen an, dieser ältere Mann wollte uns Frauen verkaufen. Lautstark signalisierten sie ihr Interesse. Uns packte die Angst, wir könnten gewaltsam verschleppt werden. So schnell wir konnten, liefen wir zurück ins Hotel, checkten aus und verließen die Gegend.

Auch wenn diese Situationen schockierend für mich waren, spürte ich, wie Gott etwas in meinem Herzen bewegte. Diese Erlebnisse passierten nicht einfach so. Gott teilte sein Herz mit mir und durch diese Erfahrungen wurde ich auf die Not der Frauen aufmerksam.

Angesichts all dieses Elends reifte in mir damals die Überzeugung: Ich muss bei den Kindern anfangen! Die kann ich noch retten! Meine Hilfe für die Menschen muss bei der nächsten Generation ansetzen. Ich beschloss, dafür einzustehen, dass auch arme und benachteiligte Kinder in die Schule gehen können und gar nicht erst auf die Schiene von Ausbeutung geraten.

Das Elend beginnt oft damit, dass die Kinder arbeiten müssen, damit sich die Familie dürftig über Wasser halten kann. Darum ist der Schlüssel, um junge Menschen vor Menschenhändlern zu schützen, ihnen den Schulbesuch zu ermöglichen – so wie meine Geschwister es mir als Kind ermöglicht haben. Ohne diejenigen, die sich für mich eingesetzt haben, wäre ich chancenlos gewesen!

8

HERZENSANGELEGENHEITEN

Indien und Nepal 1987–1991

»Jetzt komm schon herein! Meine Familie freut sich über dich!« Meine Freundin Marina schiebt mich durch die Tür in den großen Saal. Laute Musik ertönt. Etwas verschämt blicke ich um mich, bis ich merke, dass keiner der unzähligen Gäste wirklich Notiz von mir nimmt. Es brummt wie in einem Bienenschwarm vor Freude und Ausgelassenheit – und vor Sprachenvielfalt. Das Brautpaar gehört zu einer kleinen muslimischen Minderheit, die ursprünglich aus Tibet stammt, zu der nur etwa fünf bis sechs Großfamilien in *Darjeeling* gehören. Wir flanieren durch die Menge.

Marina schiebt mich weiter in einen Raum voller Frauen. Ich staune über die große Holzbühne, auf der Jung und Alt *in Bakhus*, den bunten traditionellen Gewändern Tibets, beieinandersitzt. Das hölzerne Konstrukt sieht etwas wackelig aus, doch alle, die darauf plaudern, liegen und lachen, sind bei bester Laune. Die Tribüne diene nachts auch als großes Bett für alle Frauen, erklärt mir Marina – schließlich dauert das rauschende Fest mehrere Tage.

Schnell bin ich mit Marinas Cousinen, Nichten, Tanten und Schwestern im Gespräch – irgendeine der Sprachen, die ich spreche, wird immer verstanden. Wir reden über das *Loretto*-College, auf das ich nach zwei Jahren an einem anderen College wechselte. Es ist eine Eliteuniversität für Mädchen, die einen sehr guten Ruf genießt, und ich bin stolz und dankbar, dort im vierten Jahr meinen Abschluss mit einem *Bachelor of Arts* zu machen.

»Bist du verlobt?«, fragt mich Marinas Cousine mit neugierigem Blick und zwinkert mir zu. Ich schüttle den Kopf. Fragen wie diese geben mir einen Stich ins Herz – erst vor Kurzem hatte ein attraktiver junger Mann, in den ich verliebt war, die Verbindung gelöst, weil ich Christin bin.

Plötzlich knackt es unter uns. Der Boden schaukelt kurz wie ein schwankendes Boot. Die Frauen kreischen und klammern sich aneinander, während das Podium mit lautem Getöse unter der Last der vielen Gäste zusammenbricht. Ein stechender Schmerz durchfährt meinen Fuß, Frauen rutschen auf mich drauf, Holzlatten schnellen an mir hoch, mir wird schwarz vor Augen.

»Eli! Eli!« Als ich zu mir komme, sehe ich Marina besorgt über mir. Sie tätschelt mir die Wange, aufgeregte Gesichter beugen sich über mich. Marinas Schwester wischt mir mit einem kühlen Tuch die Stirn. Mein Bein schmerzt unglaublich. Ich hebe den Kopf und sehe, wie der Fuß verdreht zur Seite steht. Mir wird wieder schlecht …

Das nächste Mal komme ich im Krankenhaus zu mir. »Sechs Wochen nicht belasten!« Mit strengem Blick schielt mich ein Arzt durch seine Brille an. »Verstanden?« Nachdrücklich klopft er auf meinen Gipsfuß.

Ich nicke betroffen.

Wohl oder übel musste ich die nächsten Wochen Ruhe geben. Doch dies fiel mir als unternehmungslustige junge Frau sehr schwer. Joggen und Spazierengehen war nicht mehr möglich. Trübsinnig saß ich bei meiner Gastmutter auf dem Sofa, brütete über den Schulbüchern und musste mich bedienen lassen wie eine Prinzessin, was mir gar nicht recht war. Mein ganzes Leben schien in Gips zu liegen!

Hinzu kam, dass tief in mir die Wunde eines gebrochenen Herzens immer noch schmerzte. Die Freundschaft mit Bimal hatte so hoffnungsvoll ihren Anfang genommen, als ich ihn zufällig beim Joggen in den frühen Morgenstunden auf einem bekannten Aussichtspunkt von Darjeeling getroffen hatte. Flüchtig kannte ich den jungen attraktiven Mann bereits, da er mit den jungen Leuten befreundet war, deren Familie ebenfalls in einer Wohnung bei uns im Haus lebte.

Schnell waren wir ein Paar. Er war acht Jahre älter als ich und ich genoss es, mit ihm unterwegs zu sein. Mich faszinierten seine Ausstrahlung und besonders seine Stimme. Er sang ebenso wie ich Lieder in Hindi, Englisch und Nepali. Er war Hindu. Als seine Eltern von unserer Beziehung erfuhren, waren sie wenig begeistert – genauso wie meine Gastmutter, die es gar nicht gerne sah, dass ich mein Herz als Christin einem Hindu geschenkt hatte. Nach etwa einem Jahr beendete Bimal unsere Freundschaft überraschend. Ihm war klar geworden, dass es mit uns beiden nicht gut gehen würde. Er war das einzige Kind seiner Eltern und er kam aus einer streng hinduistischen Familie. Damit wäre ich als Schwiegertochter verpflichtet gewesen, mit ihm in seiner Familie zu leben und die Schwiegereltern zu versorgen. Das hätte für uns alle viele Konflikte bedeutet, wenn ich mit meinem christlichen Glauben dort eingezogen wäre. Mir brach es dennoch das Herz, die erste große Liebe meines Lebens gehen zu lassen. Er verabschiedete mich mit diesen Worten: »Eli, im Moment ist diese Trennung sehr schwierig für dich und mich. Aber eines Tages wirst du sehr dankbar für diese Entscheidung sein.« Und er sollte recht behalten.

Meine Gastmutter versuchte mich zu trösten. Ein halbes Jahr später also, als ich nach dem Unfall traurig und grübelnd mit gebrochenem Fuß und Herzen in ihrem Wohnzimmer herumsaß, war mir darum jede Abwechslung willkommen – sogar über die Besuche des unscheinbaren Nachhilfelehrers, der wöchentlich zum Sohn meiner Gastmutter kam, begann ich mich zu freuen. Er war sehr hilfsbereit und aufmerksam, holte mir Dinge, die ich gerade brauchte, stützte mich, wenn ich aufstehen wollte, und wechselte ein paar aufmunternde Worte mit mir.

»Ist das nicht ein netter junger Mann?«, meinte Aunty schon bald zu mir. In den Augen meiner Gastmutter lag ein seltsames Schimmern.

Ich bejahte höflich. Schließlich war es ein Verwandter von ihr – der Neffe ihres verstorbenen Mannes – und es wäre unpassend gewesen, ihr zu sagen, dass er mir eigentlich in all den Wochen zuvor nie aufgefallen war.

»Ach, er hat so einen guten Charakter und glaubt an Jesus«, schwärmte sie. »Pratap ist zuverlässig, hilfsbereit und sehr intelligent. Und er hat beruflich eine angesehene Position und verdient gut!«

Ich stutzte. Worauf wollte sie hinaus?

Die gute Aunty lud den Verwandten plötzlich immer öfter ein. Sie kochte aufwendig und bereitete uns allen einen schönen Abend. Immer häufiger stahl sie sich hin und wieder aus dem Raum, und Pratap und ich saßen uns dann allein und etwas verlegen gegenüber. Was redet man mit einem Mann, von dem man ahnt, er könnte der richtige sein?

Aunty hatte jedenfalls keine Zweifel daran – und sie pries mir eifrig nach jedem Treffen seine Vorzüge an. Ich war überzeugt davon, dass sie dasselbe auch bei ihm tat... Sie liebte es, wenn ich sang. Besonders das Liebeslied auf Hindi hatte es ihr angetan, das ich einst im Restaurant meiner Schwester in Bhutan durch den Schallplattenspieler gelernt hatte. Unzählige Male sang ich es ihren Gästen vor.

Sechs Wochen blieb meine Gastmutter hartnäckig. So kamen wir uns näher und nach nicht allzu langer Zeit war es um unsere Herzen geschehen: Es funkte zwischen Pratap und mir! Wir wurden ein Paar – und Aunty war darüber wohl genauso glücklich wie wir beide. Sie kannte ja meine Geschichte, wusste um meine Heimatlosigkeit und wollte meinem Glück und dem des zurückhaltenden Prataps auf die Sprünge helfen.

Er besaß einen schön dekorierten Blumenladen, den ich fortan oft besuchte, sobald ich wieder gehen konnte. Ich liebte die Aussicht von dieser erhöhten Lage, an dem sich das Geschäft in Darjeeling befand. Nach und nach lernte ich seine Freunde kennen, die alle seinen Charakter schätzten und mich in meiner Wahl bestätigten – auch wenn wir beide in unserer Art ziemlich gegensätzlich waren. Pratap war introvertiert, strukturiert, sanft und von geduldiger Natur – und ich eben voller Temperament.

Doch bevor wir uns mit dem Thema Heiraten auseinandersetzen wollten, hieß es jetzt erst mal: Schulabschluss fertig machen und nach insgesamt vier Jahren endlich das College abschließen. So ging meine Zeit in Darjeeling dem Ende zu und ich kehrte zurück zu meiner Familie.

Sie erwarteten, dass ich nach Hause kam und mich mit meiner Ausbildung nützlich machte – und heiratete. Meine betriebsamen Schwestern hatten bereits begonnen, sich nach einem geeigneten Heiratskandidaten umzusehen. Es sah somit alles danach aus, als ob mein Auserwählter mit ihrem Favoriten ins Rennen gehen müsste. Doch es war bald schon allen klar, dass die Wahl meiner Familie eines potenziellen Ehemannes nicht mit meinem mithalten konnte, und so gaben sie auf.

Meine Familie war in der Zwischenzeit wegen der ausländerfeindlichen politischen Lage in Bhutan in unser ursprüngliches Heimatland Nepal zurückgekehrt. Wieder einmal war es meine

Schwester Moti gewesen, die allen voranging. Sie war als Erste nach Kathmandu gezogen und hatte an einer belebten Ecke der Hauptstadt ein Restaurant eröffnet. Temperamentvoll wie sie war, war sie jedoch ständig auf Achse, sodass sie die Goldgrube am Kreisverkehr ihrer jüngeren Schwester Devki und ihrem Mann anvertraute, stattdessen ein Grundstück in Kathmandu kaufte und ein mehrstöckiges Wohn- und Geschäftshaus darauf baute.

Unter Devkis Leitung blühte das Restaurant am Kreisverkehr zunächst auf. Allerdings brachte Devki der Verkauf von Alkohol als hingegebene Christin immer wieder in Gewissensnöte, sodass sie beschloss, lieber in einem kleinen Straßengeschäft Kleider zu verkaufen. Da es das erste dieser Art im Viertel war, lief es bald so gut, dass sie die anderen Schwestern ermutigte, ähnliche Läden in dieser Gegend zu eröffnen.

Mit der Zeit eröffneten fast alle meine Geschwister sogenannte *Fancy-Shops* mit Schmuck und Mode, sodass meine Familie zu einem Vorreiter dieser Branche in Chakrapath, einem Stadtteil von Kathmandu, wurde. Zuletzt betrieben wir acht Geschäfte dieser Art. Nun lebten alle in Kathmandu außer meiner Schwester Laxmi, die im indischen Nagaland weiterhin ihr Momo-Restaurant betrieb. Natürlich nutzte ich jede Möglichkeit, die sich mir bot, um auf Reisen nach Indien Waren für die Geschäfte meiner Geschwister einzukaufen – und Pratap zu besuchen. Wenn dies nicht möglich war, schrieben wir uns Briefe.

Schon vor meiner Ankunft hatten meine Schwestern auch in Kathmandu treu eine Gemeinde besucht. Allerdings war der Versammlungsort sehr weit entfernt von ihrem Wohnviertel. Eines Tages machte Devki den anderen Verwandten einen Vorschlag: »Was haltet ihr davon, wenn wir wieder selbst eine Hausgemeinde beginnen wie in Bhutan?« Alle waren einverstanden, und sie luden ein, wen sie kannten. Ich durfte den Lobpreis leiten.

Drei Jahre später quoll Devkis Haus über vor Gottesdienstbesuchern! Es geschahen viele Wunder und die Gemeinde war voller Leidenschaft. Es fehlte lediglich ein Pastor. Ab und zu griff meinen Verwandten ein befreundeter koreanischer Missionar unter die Arme und beriet sie in Fragen der Gemeindeleitung, aber die Notwendigkeit, einen Pastor für die wachsende Herde zu haben, wurde immer drängender. Devki und ihr Mann wollten diese Aufgabe nicht übernehmen. Sie fühlten sich den Herausforderungen nicht gewachsen und konnten nicht lesen. Außerdem betrieben sie ein erfolgreiches Modegeschäft, mit dessen Erlös sie auch die Gemeindearbeit förderten.

Zu dieser Zeit bekamen Laxmi und ihr Ehemann in Nagaland plötzlich einen Drohbrief von einer Bande, die Schutzgelder von reichen Unternehmern erpresste – und dazu zählten sie, denn sie besaßen sogar ein Auto. Der unbekannte Absender wollte sie erpressen. In dem Briefumschlag fand sich auch noch ein Projektil mit dem Hinweis: »So eine Kugel wird euch treffen, wenn ihr nicht bezahlt!«

Wieder blieb ihnen nichts anderes übrig, als auf die Schnelle alles zu verkaufen, ihre Koffer zu packen und Hals über Kopf zu fliehen. Sie landeten bei den Verwandten in Kathmandu, die händeringend einen Pastor suchten. Laxmis Mann konnte sogar lesen, hatte etwas Schulbildung genossen und war in Nagaland bereits in der Gemeindeleitung tätig gewesen. Auf einmal war er gefunden, der geeignete Mann! Und Jagat Pradhan war bereit, das Pastorenamt zu übernehmen.

Die kleine Hausgemeinde, die sich einst in Devkis vollem Wohnzimmer in Kathmandu versammelte, hat sich bis heute zu einer Hauptgemeinde mit mehr als 1200 Mitgliedern entwickelt. Die

Leidenschaft der Gläubigen und ihre Hingabe an Jesus berühren jedes Mal mein Herz.

In jeder Not stehen die Gemeindeglieder ausdauernd im Gebet zusammen. Es beeindruckt mich, wie die Gläubige den Himmel bestürmen. Und sie erleben wunderbare Gebetserhörungen und berichten davon im Gottesdienst.

Wenn ich meine Schwestern besuche, dann höre ich jeden Morgen, wie sie inbrünstig Gott anbeten. Laxmi im Stockwerk unter mir beginnt frühmorgens laut und ausdauernd zu beten, während bei Sonnenaufgang aus dem Nachbarhaus der anderen Schwester der Klang von Schofar-Horn und Gitarre erklingt – und das meist eine halbe Stunde lang!

Glaube in Nepal hat seinen Preis. Das ist allen bewusst. Kaum einer ist als Mitläufer in der Gemeinde. Viele nehmen in Kauf, wegen ihres Christseins in ihrem Umfeld, am Arbeitsplatz, ihrer Familie oder Nachbarschaft in Misskredit zu geraten. Der Druck auf die Gläubigen hat in den letzten Jahren ständig zugenommen, auch wenn die Gemeinde Jesu in Nepal zu der am schnellsten wachsenden weltweit gehört.

Seit dem »Anti-Konversions-Gesetz«[7], das 2015 mit der neuen Verfassung in Kraft trat, ist in Nepal alles offiziell verboten, was Menschen veranlassen könnte, ihren Glauben zu wechseln. Die Aktivitäten der christlichen Gemeinden werden vom Staat argwöhnisch beäugt. Es ist zwar erlaubt, Christ zu sein, aber es ist streng verboten, Andersgläubigen davon zu erzählen.

Die allerersten christlichen Gemeinden entstanden in den 50er- und 60er-Jahren. Zuvor gab es keine christliche Gemeinde in nennenswertem Umfang. In den 60er-Jahren kamen dann vor allem Gläubige aus Indien nach Kathmandu. Viele von ihnen waren Nepalesen, die in ihr Land zurückkehrten. Der Schwerpunkt der ausländischen Missionare beschränkte sich in dieser Zeit auf praktische Entwicklungshilfe. Man konzentrierte sich auf die Gründung von Krankenhäusern und Schulen, was mein Heimatland in seiner Infrastruktur voranbrachte.

Im Windschatten dieser Organisationen kamen in den 80er-Jahren Missionare, die auch Gemeindegründung auf dem Herzen hatten. Doch die wachsende Zahl der Christen wurde zunehmend von extremistischen Hindus bedroht.

Wer heute Nichtchristen von seinem Glauben erzählt, läuft aufgrund der aktuellen Gesetzeslage Gefahr, angezeigt und verhaftet zu werden. Ich kenne Gläubige, die aufgrund falscher Beschuldigungen mehrere Monate im Gefängnis waren.

Offizielle Versammlungen, vor allem von Gemeindeleitern, sind immer verdächtig und darum gefährlich. Leiter tragen große Verantwortung im Land und können sich oft nur unter dem Deckmantel von »Geburtstagsfeiern« oder Partys treffen. Sie haben in Nepal oft so viele Fäden in der Hand, dass sie im Ernstfall nicht einfach zu ersetzen sind. Sie dienen mit großer Hingabe und unter Einsatz ihres Lebens.

Mein Schwager Jagat Pradhan bezog als Pastor nie einen Lohn von der Gemeinde. Das Geld, das seine Familie zum Leben brauchte, erwirtschaftete meine Schwester Laxmi in einem Modegeschäft.

Um nicht nur Aushilfe bei meinen Schwestern zu sein, suchte ich mir damals einen eigenen Job und fand eine Aufgabe im Büro einer Teppichfabrik. Den ganzen Tag musste ich am Computer irgendwelche Zahlen eintippen. Das war nicht so mein Ding, aber ich machte es. Meine Vorgesetzte war eine Frau. Sie war so freundlich, mich abends nach der Arbeit in ihrem Auto mitzunehmen. Das war keine Selbstverständlichkeit, auch wenn wir in derselben Richtung wohnten. Als sie mich dann noch aufforderte, neben ihr auf dem Beifahrersitz Platz zu nehmen, kannte meine Verwunderung keine Grenzen! Ich, die kleine Angestellte, durfte neben ihr sitzen – das war eine große Ehre in Nepal. Stolz fuhr ich auf diese Weise mit ihr durch die Straßen. Erst später wurden mir ihre wahren Motive klar: Sie wollte bei Passanten nicht den Eindruck erwecken, sie wäre meine Fahrerin …

Nach etwa einem Jahr drängten mich meine Schwestern zunehmend, zu heiraten. Mit 23 Jahren war es höchste Zeit dazu. Natürlich sparten sie nicht an Vorschlägen, wen ich heiraten könnte. Aber mein Herz hatte sich längst entschieden: Ich wollte Pratap und keinen anderen.

Auch die Familie meines künftigen Ehemanns drängte. Die alleinstehende Mutter und seine Schwester wollten den jungen Mann endlich verheiratet wissen. Und sie waren höchstzufrieden mit seiner Wahl.

Beide Familien versammelten sich zum großen Fest in Kalimpong, der Stadt, in der meine Schwiegermutter ihren Wohnsitz hatte, und wir heirateten. Ich freute mich auf das Leben an der Seite meines geliebten Prataps im schönen Darjeeling, das so idyllisch in den grünen Bergen lag, auch wenn mir klar war, dass er für die Versorgung seiner Mutter nach unserem kulturellen Verständnis zuständig war. Vor unserer Eheschließung hatte seine Schwester bei der Mutter gelebt und sie in allen praktischen Dingen unterstützt, da sie sehr schlecht sah. Nun waren wir als Frischvermählte in der Verantwortung.

Bei meinen ersten Begegnungen in dem Haus meiner Schwiegermutter in der Stadt Kalimpong hatte ich sie als freundliche, leidenschaftliche Christin kennengelernt, die oft die Bibel zur Hand nahm. Nach ein paar Wochen Eheglück stellte mir Pratap eine Frage, die ich absolut nicht erwartet hatte.

»Meine Mutter ist abhängig von mir«, so begann er in einem ersten Tonfall.

»Bis vor Kurzem hat sich viele Jahre lang meine ältere Schwester um sie gekümmert, nachdem mein Vater sie im Gästehaus zurückgelassen hatte. Jetzt wird meine Schwester den Ort verlassen und mit ihrer Familie in eine andere Stadt ziehen. Meine Mutter lebt schon lange Zeit hier in Kalimpong. Da sie auch ein schwaches Herz hat, wäre es nicht gut, sie nun mit Beginn ihrer Rente ins kühlere Darjeeling zu verpflanzen. Es wäre besser, sie hier zu lassen.«

Ich schluckte, denn ich ahnte, worauf er hinauswollte. Sein Arbeitsplatz war in Darjeeling, wo wir als Paar eigentlich hatten wohnen wollen. Doch seine Mutter lebte in einer Stadt, die so weit entfernt lag, dass er nicht täglich zur Arbeit pendeln konnte …

»Könntest du dir vorstellen, mit ihr hier die Woche über zu leben? Ich würde dann am Wochenende kommen.« Er sah mich mit einem hoffnungsvollen Blick an. »Natürlich zwinge ich dich nicht dazu. Du darfst auch mit mir nach Darjeeling kommen, aber … Es wäre gut, wenn du hier mit ihr bleiben würdest.«

Ich spürte, wie sein verantwortungsbewusstes Herz als Sohn und Ehemann zerrissen war. Dennoch konnte ich ihm zuliebe nicht einfach spontan »Ja« rufen. Schließlich hatte ich ihn geheiratet, um mit ihm zusammenzuleben – und nicht mit meiner Schwiegermutter!

»Ich denke darüber nach«, gab ich mit einem leisen Seufzer zur Antwort. Mein Herz war schwer geworden.

9

ZWISCHEN MANN, JOB UND SCHWIEGERMUTTER

Kalimpong, Indien 1993–1998

Ich knalle die Tür hinter mir zu. »Nicht zu fassen!«, schnaube ich, »was bilden die sich eigentlich ein?«

Meine Schwiegermutter auf dem Sofa hebt ihren Blick aus der Bibel und blinzelt mich mit ihren halb blinden Augen erstaunt an. »Was gibt es, Eli?«, fragt sie ruhig.

»Die wissen ja gar nicht, wie gut es ihnen geht! Sie können an der Arbeitsstelle duschen und baden, so viel sie wollen! Aber das genügt den Herrschaften ja nicht…« Wütend gehe ich in unserer privaten Dienstwohnung, die sich an die Lobby des Gästehauses anschließt, auf und ab. Seit ein paar Monaten bin ich die Managerin dieses Hotelbetriebs, der inmitten der Gartenanlage eines großen Kinderheims mit Schule und Internat liegt, einst erbaut von den Engländern in der Kolonialzeit. Sponsoren des Werkes und die Menschen, die eine Patenschaft für die Kinder haben, können hier übernachten. Diese Schule ist gut ausgestattet und hat einen Bauernhof, eine eigene Krankenstation, zwei Gästehäuser und einen eigenen Friedhof. Dadurch bietet sie viele Arbeitsplätze, sowohl für Festangestellte als auch für temporäre Arbeiter.

Diese verantwortungsvolle Stelle im Gästehaus hat meine Schwiegermutter viele Jahre ausgefüllt, zuletzt wegen ihrer Augenprobleme mithilfe ihrer Tochter. Als sie in Rente gegangen war, hatte sie dafür gesorgt, dass ich die Aufgabe bekam. Doch zuweilen wächst mir meine Verantwortung als 24-Jährige über den Kopf – und die zumeist älteren Angestellten tanzen mir auf der Nase herum.

»Stell dir vor!«, rufe ich meiner Schwiegermutter zu, »sie haben die Erlaubnis, hier zu baden, und kriegen sich in die Haare, wer danach das Bad putzen soll! Und ich soll den Streit schlichten. Was soll ich tun? Keine will sich was sagen lassen!«

Meine Schwiegermutter erhebt sich mit einem Kopfschütteln seufzend vom Sofa und kommt bedächtig auf mich zu. »Beruhige dich, Eli!« Geduldig wartet sie neben mir, bis ich ruhiger atme. »Wenn du mit ihnen herumstreitest, lässt du dich auf ihre Ebene herab. Du musst alles anhören, aber am besten gibst du keine Kommentare dazu ab. Einfach nur zuhören! Komm, ich gebe dir ein paar Tipps ...«

Mit einem Stoßseufzer lasse ich mich auf dem Sofa nieder. Ich schiele über den Tassenrand eines Tees auf meine Schwiegermutter neben mir, die mit ihrer ruhigen, überlegten Art stets Klarheit in meine aufgewühlten Gedanken bringt.

»Vor allem darfst du dich nicht reizen lassen, wenn dir die eine der Zimmermädchen oder Putzhilfen brühwarm erzählt, was die andere anscheinend alles Schlechtes über dich gesagt hätte.«

Sie sah meine Stärke und auch meine Schwäche. »Eli, du hast ein Herz, das so wertvoll ist wie Diamanten, aber du musst Geduld lernen und darfst nicht zu schnell reagieren, wenn andere dir Unrecht tun. Wenn die Dinge sehr ernst sind, dann frage Gott, wie du mit der Situation umgehen sollst, und sprich zu dem Personal mit Autorität. Wenn sie dann immer noch nicht zuhören wollen, dann sei konsequent.«

Meine Schwiegermutter zwinkert mir aufmunternd zu.

Eine Woche hatte ich mir zu Beginn unserer Ehe Zeit genommen, um zu überlegen, was ich auf Prataps Frage und Bitte antworten sollte, bei seiner Mutter zu bleiben, während er in Darjeeling arbeiten würde. Könnte ich es wirklich wagen, mit meiner Schwiegermutter in Kalimpong die ganze Woche allein zu sein? Würde ich nicht vor Sehnsucht und Langeweile sterben, bis er am Wochenende käme? Wäre es nicht viel schöner, mit Pratap in Darjeeling zu leben, wo ich mich auskannte und noch Freunde hatte? Aber mein Mann wäre ständig zerrissen gewesen zwischen dem Pflichtgefühl seiner einsamen, sehbehinderten Mutter gegenüber in Kalimpong und dem Leben mit mir in *Queen of the Hills* (Königin der Hügel), wie die Engländer Darjeeling genannt hatten.

Es sprach für seine feinfühlige Art, dass er mir überhaupt eine Wahl gelassen hatte. Normalerweise war es in unserer Kultur keine Frage, es war eine Selbstverständlichkeit, dass die Schwiegertochter bei der Schwiegermutter blieb, wenn der Mann außerhalb der Stadt oder gar des Landes zur Arbeit ging.

Und doch war es für mich eine große Herausforderung, jung verheiratet bei der Schwiegermutter zurückzubleiben und nicht bei meinem geliebten Mann zu sein.

Bevor ich mich einverstanden erklärte, äußerte ich zwei Wünsche. »Ich bin bereit, bei deiner Mutter zu bleiben«, sagte ich Pratap, »aber ich würde gerne in ein paar Jahren mit euch nach Nepal zu meiner Familie ziehen und dort ein Geschäft aufbauen.«

Für diese Idee zeigte er sich offen, denn die Wurzeln seiner Familie waren ebenfalls in Nepal.

»Mein zweiter Wunsch wäre, dass ich arbeiten gehen darf. Sonst fällt mir die Decke auf den Kopf!«, fügte ich hinzu.

Auch diese Bitte wurde mir gewährt – und die Schwiegermutter sorgte gleich dafür, dass ich ihre Stelle als Managerin bekam. Dabei gelang es ihr, die Fäden wirklich aus der Hand zu geben. Sie mischte sich als ehemalige Chefin niemals in die Vorgänge ein, sondern gab mir im Hintergrund wertvolle Tipps, wie ich die Dinge am besten anpacken sollte. Auf diese Weise war sie mir eine wertvolle Mentorin und Ratgeberin.

Sie demonstrierte mir jeden Tag, welchen Unterschied es machte, wenn eine Schwiegermutter das Wesen und die Liebe Christi ausstrahlte. Niemals behandelte sie mich als Dienstmagd, sondern immer mit Wertschätzung, auch wenn mir immer klar war, dass ich ihr untergeordnet war. Sie nutzte dies nie aus, um mich zu verletzen. Hinter verschlossener Türe konnte ich ihr mein Leid klagen und ihr alle Fragen stellen und sie ließ nie ein Wort davon verlauten. Ich konnte ihr absolut vertrauen und kam immer sehr gut aus mit ihr.

Sie war eine geistlich reife Frau, die viel in der Bibel las. Oft wollte sie mir erzählen, welche Einsichten ihr dabei gekommen waren – und dann hatte ich mich brav aufs Sofa zu setzen und ihr zuzuhören, ob ich Lust hatte oder nicht.

Doch ich habe beim Zuhören viel gelernt. Nach dem Abendessen, unserer Hauptmahlzeit, hatte es meine Schwiegermutter immer eilig, dass wir uns zur Familienzeit versammelten. Der Tisch konnte ihr gar nicht schnell genug abgeräumt sein.

Sie hatte immer ein Wort aus der Bibel, zu dem ihr etwas auf dem Herzen lag und das sie mit uns teilte. Außerdem berichteten wir uns, wie wir Gott an diesem Tag erlebt hatten.

Ich bewunderte die innige Beziehung, die Mutter und Sohn miteinander hatten. Pratap spielte Klavier, wir hatten eines im Gästehaus stehen. Ich genoss es, wenn er spielte und sie dazu sang.

Anfangs konnte ich es kaum fassen, dass man in einer Familie so harmonisch miteinander umgehen konnte.

Ich konnte es nicht abwarten, bis ich meinen geliebten Mann nach einer langen Woche sah, und zählte die Tage und Stunden, bis Pratap am Wochenende aus dem Jeep stieg; er brauchte drei Stunden für die Heimreise. Er unterstützte mich in seiner Freizeit noch, indem er die Buchhaltung des Gästehauses übernahm, was ebenfalls zu meinen Aufgaben gehörte. Eines Tages, während er die Buchhaltung für mich machte, lief ich unruhig zwischen Büro und den anderen Räumen umher.

»Bleib hier in meiner Nähe, während ich die Finanzen durchgehe. Ich will dich gerne sehen«, sagte Pratap.

»Was? Soll ich einfach hier herumsitzen, ohne irgendetwas zu tun? Dann kann ich doch genauso gut in den anderen Räumen Arbeiten verrichten!«, entgegnete ich ihm.

»Setzte dich lieber hier zu mir und lies ein Buch.« Er war ein leidenschaftlicher Buchleser. »Ich bin doch nur am Wochenende hier. Und ich möchte so viel Zeit wie möglich mit dir verbringen.«

Für Pratap war es sehr schwierig, in einer anderen Stadt so weit entfernt von mir zu leben, aber seiner alternden Mutter zuliebe nahm er den harten Weg auf sich. Davor hatte ich großen Respekt. Ich habe immer Menschen bewundert, die anderen gedient haben. Und das tat Pratap: Er diente seiner Mutter von ganzem Herzen.

Nach einem Vierteljahr stellte ich fest, dass ich schwanger war – und wir beiden waren die glücklichsten Menschen der Welt. Wir erwarteten ein absolutes Wunschkind!

Als ich im siebten Monat schwanger war, besuchte ein Team mit einem prophetisch begabten Prediger unsere kleine Hausgruppe, die sich häufig bei meiner Schwiegermutter traf. Ich freute mich auf den Abend, auch wenn Pratap nicht dabei sein würde, da er gerade zur Arbeit nach Darjeeling gefahren war.

Zunächst sang einer der jungen Männer des Teams ein Lied, das ich heute noch gerne singe: »Der Herr ist mein Hirte, mir wird nichts mangeln.« Es ist der Text aus Psalm 23 und es ging mir sofort ins Herz und berührte mich tief.

Plötzlich empfand der Prediger durch den Heiligen Geist Worte im Herzen, die mich betrafen. Er trat auf mich zu. »Du hast ein Kind im Bauch«, begann er, »und es wird ein Sohn sein!«

Erstaunt merkte ich auf – ich hatte keinen Ultraschall gemacht.

»Sorge dich nicht um ihn. Der Herr hat ihn auserwählt! Darum sorge dich nicht!«

Ich war wie vom Donner gerührt. So ein persönlich auf mich zugeschnittenes Wort von Gott hatte ich noch nie von einem Prediger gehört. Ob es wirklich von Gott war oder nur von einem Menschen ausgedacht?

Nun, dachte ich, *ich würde ja sehen, ob es ein Junge wäre*. In spätestens zwei Monaten wäre es klar. Aber warum sollte ich mir keine Sorgen machen? Würde es da ein Problem geben?

Auch meine Schwiegermutter hatte diese prophetischen Worte der Vorhersage an mich gehört. »Du wirst sehen, es wird ein Junge!«, freute sie sich. Für sie gab es keinen Zweifel daran.

Ihr Vertrauen wurde belohnt: Acht Wochen später wurde uns ein süßer kleiner Kerl geboren und wir nannten ihn Jonny. Es war ein kräftiges, schönes Kind mit dunklen Locken und braunen Augen. Und wir waren die glücklichsten Eltern der Welt! Pratap liebte es, seinen Sohn bei sich zu haben, zeigte ihn allen, bettete ihn in die Tragetasche und wieder heraus und war der stolzeste Vater, den man sich nur denken konnte.

Wir machten Pläne für die Zukunft und das Kind in unserer Mitte wuchs und gedieh.

»Er ist ein Auserwählter des Herrn!«, so erinnerte mich meine Schwiegermutter immer wieder an die Worte des Predigers, und das lebensfrohe, gesunde Kerlchen trotzte nur so vor Segen und Kraft. Als er laufen konnte, tappte er mir oft durch das Gästehaus hinterher.

Eines Tages, mein Mann war gerade von Darjeeling heimgekommen, brüllte es plötzlich im Nachbarraum. Ich rannte zurück in den Raum und sah gerade noch, wie meine Assistentin eine Türe wieder öffnete, die sie versehentlich zugeschlagen hatte, ohne Jonnys Finger im Türrahmen zu sehen.

Der Kleine streckte uns weinend mit schwankenden Beinchen eine hässliche Quetschwunde entgegen. Entsetzt nahm ich ihn auf den Arm und rief verzweifelt nach meinem Mann. Er hörte unsere Schreie und kam sofort zu uns gerannt, ebenso wie alle anderen, die mich hörten. Wir kühlten und wuschen die fleischige Wunde. Das Kind brüllte weiter. Wir waren außer uns vor Aufregung, als er begann, die Augen zu verdrehen und das Bewusstsein zu verlieren. Irgendwann beschlossen wir in dem Durcheinander, mit Jonny ins städtische Krankenhaus zu gehen, auch wenn wir wussten, was uns dort erwarten würde … Es war schmutzig und voller Menschen und wirkte nicht sehr vertrauenserweckend.

Ich drückte mich mit dem wimmernden Kind zwischen die wartende Menge und bat Pratap, herauszufinden, ob überhaupt ein

Arzt anwesend wäre. Er verschwand in dem Gewühl an Patienten und Angehörigen, die überall in der Eingangshalle saßen und standen. Schon bald hatte ich ihn aus den Augen verloren.

Plötzlich hörte ich am Ende des Ganges ein Stimmengewirr. »Fasst ihn nicht an, fasst ihn nicht an!«, rief jemand. »Vorsicht, das könnte ansteckend sein. Geht zurück!«

Mich erfasste eine innere Unruhe und ich beschloss, dem Lärm nachzugehen und nach meinem Mann zu suchen.

Er war nirgends zu sehen und ich wusste auch nicht, wen ich hier nach ihm fragen sollte. Die Wartenden stierten apathisch vor sich hin oder schwatzten laut, dazwischen rannten hektisch ein paar Krankenschwestern herum. Sie schienen sich vor allem in einer Ecke aufgeregt um eine Bahre zu scharen. Wo war nur mein Mann?

Mutig ging ich auf die Gruppe der Krankenschwestern und Pfleger zu, mein verletztes Kind an mich gepresst. Vielleicht wüsste einer von ihnen, wo der Arzt zu finden wäre – und damit vielleicht auch mein Mann. Plötzlich stockte mir der Atem. Ich konnte es nicht fassen. Auf der Bahre lag … mein Mann!

»Pratap!«, schrie ich. Verzweiflung machte sich in mir breit. Ich sah, wie sich die Augen der Krankenschwestern auf mich richteten.

10

LOSLASSEN

Kalimpong, Siliguri, Delhi – Indien 1995

»Gott, hilf mir! Ich kann jetzt hier nicht umfallen. Ich habe ein Kind im Arm!« Krampfhaft drücke ich Jonny im Krankenhaus von Kalimpong an mich. Fassungslos starre ich auf meinen Mann, der verkrampft und mit verdrehten Augen vor mir auf der Bahre liegt. Um mich herum beginnt sich alles zu drehen. Doch nach meinem Stoßgebet spüre ich, wie eine kalte Welle von meinen Füßen zu meinen Haarspitzen aufsteigt. Versteinert stehe ich da, aber ich habe die Kontrolle über meinen Körper zurückgewonnen.

Eben noch bin ich mit Pratap zur Pforte hereingeeilt, um unseren wimmernden Sohn mit den gequetschten Fingerchen in die Notaufnahme zu bringen. Wir wollten nur Medikamente und Verbandszeug bekommen, doch nun ist mein Mann der Patient.

»Fasst ihn nicht an!«, warnen um mich herum die Mitarbeiter des Hospitals. »Wer weiß, was es ist! Vielleicht ansteckend! Bleibt weg!« Um mich herum tost der hektische Lärm der aufgeregten Schwestern und Ärzte. Neugierig recken sich die Hälse der wartenden Patienten.

»Das ist mein Mann. Was ist passiert?«, stammle ich einer Krankenschwester die einzige Frage entgegen, die mich bewegt.

»Dieser Mann schien jemanden zu suchen, lief dann aber gegen die Wand.« Ratlos sieht sie mich an. »Ist so etwas schon öfter passiert?«

Ich schüttle heftig den Kopf und halte ihr mein apathisches Kind hin, dem es ebenfalls immer schlechter geht. »Wir sind wegen seinen Fingern da!«

Besorgt betrachtet sie die Quetschwunde und dann wieder Pratap. »Am besten, Sie bleiben alle drei diese Nacht hier.«

Erst am dritten Tag konnte ich aufatmen: Pratap und Jonny schien es besser zu gehen. Mein Mann war wieder ansprechbar, und wir durften nach Hause.

»Wenn Sie weiter so starke Kopfschmerzen haben, sollten Sie ein CT machen lassen«, sagte der Arzt bei der abschließenden Visite zu ihm. Aufwendige Computertomografien konnten im Krankenhaus in Kalimpong nicht erstellt werden, es war nur schlecht ausgestattet und das Personal hatte keinen hohen Ausbildungsstand.

Doch die Hoffnung, auf solche speziellen Untersuchungen verzichten zu können, zerschlug sich schnell. Pratap konnte zwar wieder sprechen und gehen, blieb aber in den nächsten Tagen so schwach, dass uns klar war, dass wir der Ursache für seinen Zustand auf den Grund gehen mussten. Schweren Herzens traf ich als Managerin die nötigen Vorbereitungen, damit das Gästehaus ein paar Tage ohne mich laufen würde. Meine Schwiegermutter würde die Ansprechpartnerin für unser sechsköpfiges Personal und die drei Köche sein, die ihre Aufgaben auch ohne mich erfüllen konnten. Zur Hand ging ihr dazu noch ein zwölfjähriger Junge namens Suri, der sich liebevoll um Jonny kümmerte und mit ihm spielte. Den verwaisten Jungen hatten wir auf Bitte seines Bruders bei uns aufgenommen, um ihm eine Möglichkeit zu geben, sich Brot und Unterkunft zu verdienen. Das Kind zählte inzwischen schon zur Familie.

Pratap und ich fuhren 65 Kilometer zum nächsten großen zentralen Krankenhaus in der Stadt Siliguri, das in der indischen Provinz Westbengalen und somit in der Nähe von Nepal liegt. Hier war ich auf meinen Reisen schon oft durchgekommen. Auch Prataps

Vater lebte dort. Er hatte sich vor vielen Jahren von meiner Schwiegermutter getrennt und sich an diesem Ort neu verheiratet.

Mein Schwiegervater war sehr besorgt und hatte den CT-Termin bereits organisiert. Ich war ihm dankbar für die Unterstützung, auch wenn ich ihn kaum kannte, da mich Pratap ihm nur einmal kurz vor der Hochzeit auf der Durchreise vorgestellt hatte.

»Ist das ein Notfall?«, genervt musterte uns die Frau am Tresen der Anmeldung des Krankenhauses. »Wir sind mehr als voll belegt!«

Ich nickte und sah sie flehend an. Wir bekamen ein Zimmer, das wir uns allerdings mit einer jungen Frau teilen mussten, die für eine Nacht mit ihrem kranken Baby hier einquartiert war. Pratap, dem es wieder schlechter ging, fiel sofort in einen tiefen Schlaf und bekam von der drangvollen Enge gar nichts mit. In Absprache mit meinem Schwiegervater – einer von uns beiden sollte stets an Prataps Seite sein – hatte ich die Nachtschicht übernommen. Als es dunkel wurde, quetschte ich mich ans Fußende seines Bettes.

Mitten in der Nacht schreckte ich auf, da das Baby meiner Bettnachbarin erbärmlich schrie. Doch sie regte sich nicht. Ich seufzte, stand irgendwann auf und rüttelte sie wach. »Dein Baby schreit!«, sagte ich. Schlaftrunken legte sie es an. Doch das Kleine verlor die Brust und brüllte wieder. Die junge Frau war offensichtlich so erschöpft, dass sie das Geschrei ihres Babys nicht hörte, sodass ich mehrfach aufstand, um sie an ihre Pflicht zu erinnern. Irgendwann war ich so genervt, dass ich die Brust der Frau selbst hervorholte und das Kind anlegte, das aufs Neue gierig saugte. Während ich ihm die Milchversorgung sicherte und mir der Arm lahm wurde, überlegte ich, ob das Kind überhaupt genug Milch bekam. Falls die ausgezehrte

Frau nämlich zu wenig Milch hatte, könnte ich hier stundenlang stehen ... Und meine Kräfte waren längst mehr als erschöpft!

Da fiel mir ein, dass ich für Pratap etwas von Jonnys Fertignahrung mitgenommen hatte. In Nepal ist es üblich, dass die Verwandten den Patienten im Krankenhaus selbst versorgen. Und da Pratap kaum noch etwas zu sich nahm, hatte ich etwas Babymilchpulver mitgenommen. In den Tagen zuvor hatte ich ihm nur wenig Essen passiert einflößen können.

Irgendwie gelang es mir, im Halbdunkel die Milch in einer Tasse zuzubereiten und es dem quengelnden Kind mit einem Löffelchen einzuflößen. Meine Mühe wurde belohnt – das Kleine schlief endlich durch und ich konnte durchatmen.

Damals ahnte ich nicht, dass Gott mir durch das Erlebnis in dieser schweren Stunde zeigte, welche Art von Dienst er mir einmal anvertrauen wollte. Wenn ich heute zurückschaue, erscheint mir das Geschehen in dieser Nacht etwas Symbolisches, ja Prophetisches zu haben – etwas, das den himmlischen Lichtkegel auf meinen Lebensauftrag warf: Heute sehe ich meine Berufung darin, auf die Ärmsten und Kleinsten der Erde zu achten, auf die Kinder. Ihre Versorgung ist mir ein besonderes Herzensanliegen.

Am nächsten Morgen sprach ich die junge Mutter an, die mit ihrem alten Vater da war, und gab ihr den Tipp, die Ernährung ihres Babys durch Milchpulver zu ergänzen, falls ihr Baby an der Brust nicht satt werden würde. Dankbar nahm diese offensichtlich einfache Frau aus den Bergen die Ratschläge an.

Das Ergebnis der Untersuchung, das der Arzt meinem Schwiegervater und mir in der Sprechstunde eröffnete, war niederschmetternd: »Er hat einen sehr großen Gehirntumor und wir müssen ihn schnell operieren.« Der Mediziner bemühte sich sichtlich, Zuversicht auszustrahlen, und versuchte, mich zu trösten. »Machen Sie sich keine Sorgen. Alles wird gut!«

Mit Pratap selbst sprachen wir nicht über die Diagnose. Es wäre taktlos, einem Schwerkranken die Wahrheit zu sagen, zumal er nicht aufnahmefähig war.

Nach dem Gespräch rief ich alle meine Verwandten an, und jeder sagte mir Gebet und finanzielle Hilfe zu. Außerdem machten sich sofort viele Freunde und Verwandte von meiner Familie sowie Prataps Angehörige auf den Weg nach Siliguri, um uns beizustehen.

Im Krankenhaus bekamen wir direkt einen Termin für die Notoperation und Pratap kam unters Messer. Wir hatten in dem Krankenhaus ein Zimmer mit Bad, das so schmutzig war, dass ich es erst einmal gründlich schrubben musste. Es verwandelte sich in den Tagen unmittelbar nach der Operation in ein drangvolles Besucherzimmer. »Stresst ihn nicht«, warnte der Arzt. Aber es wäre ein Unding gewesen, all die Besucher abzuweisen, die uns sehen und trösten wollten.

Pratap bekam von dem ganzen Rummel kaum etwas mit – und mich beschäftigte kurz nach der Operation vor allem die Frage, ob der Tumor gutartig war oder nicht. Die zwei Tage, bis das Ergebnis der Biopsie bekannt sein sollte, zogen sich für mich trotz aller Ablenkungen qualvoll in die Länge. Als das Ergebnis endlich da war, teilte es der Arzt lediglich meinem Schwiegervater mit. Wenn es einen männlichen Ansprechpartner gibt, sind in Nepal Frauen außen vor. Mit mir sprach keiner. Mein Schwiegervater sagte lediglich zu mir: »Sei unbesorgt, alles ist okay. Reg dich nicht auf.« Aber ich spürte, dass er mir nicht die ganze Wahrheit sagte.

Unterdessen hing Pratap an zahlreichen Infusionen. Ich litt sehr darunter, ihn so voller Nadeln und roter Einstichstellen zu sehen. Immerhin reagierte er auf Ansprache und drückte liebevoll meine Hand am Krankenbett. Mit jeder Stunde drängte es mich mehr, die Wahrheit über seinen Zustand zu erfahren. Schließlich ging ich allein in die Sprechstunde des Arztes und flehte ihn an, mir die Wahrheit zu sagen. »Ich bin eine sehr selbstständige Frau«, erklärte ich ihm, »und sollte etwas Ernstes mit meinem Mann sein, so will ich die Möglichkeit haben, mich entsprechend vorzubereiten.«

Der Arzt war sehr zögerlich. »Setzen sie sich«, meinte er höflich. »Die Wahrheit ist, Ihr Mann hat Krebs. Ich verstehe Ihre Sorge, aber bitte, regen Sie sich nicht auf! Sie können ihm dadurch nicht helfen. Besser, Sie verlieren nicht die Hoffnung und beten zu Ihrem Gott.« Er deutete an, dass man Pratap zur weiteren Behandlung in eine andere Klinik verlegen müsste. Doch ich erfuhr nicht wann, wie oder wohin. Auch mein Schwiegervater sagte mir nichts. Als Schwiegervater und Schwiegertochter sprachen wir wenig miteinander. Als aber Prataps jüngerer Bruder extra aus New York anreiste – er war dort als Informatiker tätig –, war mir klar, dass etwas im Gange war. Dieser Schwager sollte meinem Schwiegervater bei der Verlegung helfen. Irgendwie sickerte durch, dass die beiden ihn an einem bestimmten Tag mit einem Linienflug nach Delhi in eine Klinik bringen wollten.

Es wurmte mich, dass man mich offensichtlich nicht mitnehmen wollte – in gut gemeinter Rücksicht darauf, dass ich eine Frau war, ein Kind und eine Arbeitsstelle hatte. Außerdem waren die Kosten für Flug, Hotel, Krankenhaus und Operation immens.

Noch einmal legte meine ganze Familie zusammen. Mein Neffe, Nariwals Sohn, brachte 40 000 indische Rupien[8] in bar – eine für mich große Summe. Doch es war für mich unvorstellbar, meinen Mann in dieser Lage nicht zu begleiten und ihm beizustehen! Wie immer fragte ich meine Schwiegermutter um Rat, doch auch sie war dafür, dass ich zurückblieb. Verzweifelt suchte ich mir auf eigene Faust ein Reisebüro und kaufte mir ein Flugticket nach Delhi. An dem geplanten Tag gab es nur einen Flug dorthin, der infrage kam. Meine Schwiegermutter verriet meine Pläne niemandem, und wieder vertraute ich ihr Jonny an.

Natürlich waren mein Schwiegervater und mein Schwager überrascht, als ich am frühen Morgen des Abflugtages ebenfalls am Flughafen stand und mit ins Flugzeug stieg. Ich schwankte in meinen Gefühlen zwischen Furcht und Panik, meinen geliebten Mann zu verlieren, und der Hoffnung auf seine Heilung. Immerhin hatte er nach der Operation in Siliguri wieder mit mir und den anderen gesprochen.

Frisch operiert war die weite Reise nach Indien hart für Pratap. Die Reise im Sitzen war eine Qual für ihn und er erbrach sich mehrmals. Als er schließlich im sauberen Bett einer teuren Privatklinik in Delhi lag, war er bewusstlos. Umso mehr bemühte ich mich, seinen Geist wachzuhalten. »Kämpfe«, flehte ich ihn an, »denk an deinen Sohn. Denk an mich, an unsere Pläne! Denk an deine Mutter!«

Wider alle Vernunft hoffte ich auf ein Wunder in der Gewissheit, dass viele für ihn beteten. Im Hotel verlor ich wieder einmal die Fassung. Da die Wände zu den Nachbarzimmern hellhörig waren, flüchtete ich in die Damentoilette, um ungestört weinen zu können. Ich schluchzte mir dort all meine Verzweiflung aus dem Leib und schrie im Herzen zu Gott. Doch schon bald pochte es an der Tür. Eine Männerstimme rief aufgeregt nach mir: »Öffne! Was ist los? Mach auf!« Mein Schwager war voller Sorge, ich könnte mir etwas antun.

Nach drei bangen Tagen sagten die Ärzte meinem Schwiegervater: »Es gibt keine Hoffnung mehr für Ihren Sohn.« Dieses Mal sprach er sofort mit mir darüber. Er hatte wohl verstanden, dass ich anders war als die hilflosen Frauen, die er sonst kannte. »Wir müssen akzeptieren, was die Ärzte sagen«, meinte er. »Lass uns heimfliegen, damit er zu Hause sterben kann.«

Wieder stellte ich mich quer. »Niemals! Er wird weiterbehandelt! Und wenn ich alles verkaufe, was Pratap und ich besitzen.« Ich war bereit, jeden Preis für sein Leben und die Weiterbehandlung zu bezahlen. Pratap atmete inzwischen immer schwerer. Ob er zu kämpfen hatte, weil er nicht wusste, ob er zu Gott heimgehen oder bei uns bleiben sollte? Diese Frage ging mir auf einmal durch den Kopf.

An diesem Abend rang ich einsam im Hotel mit mir und Gott. Ich war mit meinen Kräften am Ende. Zwei Seelen stritten in meiner Brust. »Lass ihn los!«, so sagte die eine Stimme. »Lass seinen Geist los, damit er in Frieden heimgehen kann, denn seine Zeit ist gekommen.« Die andere Stimme in mir begehrte dagegen auf. »Nein, unmöglich!«, schrie es in mir. »Ich liebe ihn, ich brauche ihn, Jonny braucht ihn! Ich kann ihn nicht loslassen.« So ging es die ganze Nacht. Welches nur war die Stimme Gottes? Ich wusste es nicht.

Irgendwann sagte ich unter Tränen zu meinem himmlischen Vater: »Wenn es Zeit ist für ihn zu gehen, dann nimm ihn.« Doch wie schwer war mir das Herz. Da waren so viele Anklagen in mir. Ich hatte so viele Wunder und Heilungen in der Gemeinde erlebt und jetzt sollte Gott kein Wunder tun? Gerade bei dem Menschen, der mir so viel bedeutete? »Du kannst doch nicht so grausam sein und mir den Menschen nehmen, der mich endlich einmal liebt! Mit dem ich einen Sohn habe! Warum lässt du das zu, Gott?« Ich betete und fastete weiter. Was sollte ich sonst tun? Ich hatte schon viele schwierige Zeiten in meinem Leben erlebt, aber diese hier verlangte mir alles ab. In mir spürte ich immer wieder das sanfte Ziehen Gottes: »Lass ihn los.« Und wenn ich das täte? Würde Gott ihn mir nehmen? Glaubte ich auch jetzt, dass Gott gut und vertrauenswürdig war? Ich wusste, ich muss eine Entscheidung treffen. Nach einem längeren inneren Ringen entschied ich mich: Ich ließ ihn los in Gottes Hand – was auch immer das für Konsequenzen haben würde.

Als ich am nächsten Nachmittag durch die Pforte des Krankenhauses ging, kam mir mein Schwager mit gesenktem Kopf entgegen.

Er sprach nur vier Worte: »Er ist nicht mehr.«

In diesem Moment bewegte sich alles wie in Zeitlupe. Ich sah alles um mich herum, die Menschen, die Pflanzen, die Eingangshalle des Hospitals, aber ich war wie in Trance, in einem Albtraum. Seit meiner Kindheit hatte ich mit großer Angst in der Dunkelheit zu kämpfen gehabt. Nun sah ich mich innerlich an einem dieser dunklen Orte und fühlte voller Schrecken, wie sich eine Hand aus der Finsternis heraus nach mir ausstreckte und nach mir griff.

Mein Schwager stand unterdessen weiter schweigend neben mir. Er berührte mich nicht. Es gehört sich in meiner Kultur nicht, die Ehefrau eines anderen anzufassen. Auch mein Schwiegervater konnte seine Anteilnahme nicht durch eine Umarmung ausdrücken. »Wir müssen seine Überführung veranlassen «, sagte mein Schwager leise.

»Ja, lass es uns tun«, antwortete ich tonlos. Ich musste in der großen Eingangshalle warten, bis der Leichnam vom Krankenzimmer in den Totenraum gebracht worden war. Bitterlich weinend saß ich im Foyer in einer Ecke. Plötzlich traten fremde Menschen auf mich zu und bildeten einen Kreis um mich herum. Frauen, die im Krankenhaus zu Besuch waren und mich schluchzen sahen, kamen auf mich zu, berührten meine Schultern, um mich zu trösten und um mir ihren Beistand auszudrücken. Sie wollten mich in meiner Trauer und meinem Schmerz nicht alleinlassen. »Wer ist gestorben?«, hörte ich Stimmen flüstern und fragen. Ich selbst fühlte mich wie im Nebel.

Im Totenraum lag Pratap auf Eis aufgebahrt. Er sah aus wie immer. Ich konnte es nicht fassen – 15 Tage nach seiner Hirnoperation sollte er nicht mehr unter uns sein? »Warum hast du mich verlassen?«, fragte ich in die kalte Stille. Tief in meinem Inneren sehnte ich mich danach, dass er mir nur ein paar Worte in seiner sanften Stimme antworten würde. Es hätte mir mehr als alles in der Welt bedeutet! Doch seine Lippen blieben stumm. In mir begann ein Kampf, bei dem ich mir klarzumachen versuchte, dass er gegangen war. Ich konnte es nicht glauben! In meinem Verstand wusste ich es, dennoch fühlte es sich unwirklich an. Meine Welt brach zusammen. Mit seinem Tod schien mir alles bedeutungslos geworden zu sein. Wieso musste er so jung sterben? Er war doch erst 32 Jahre alt und sein ganzes Leben lag noch vor ihm. Doch jetzt hatte sein Leben ein jähes Ende gefunden und mit ihm starb auch etwas in mir. All unsere Hoffnung auf eine schöne Zukunft zusammen erlosch und in meiner Seele wurde es Nacht.

Bereits als wir mit dem Leichnam in der Grenzstadt landeten, warteten unzählige Verwandte und Freunde auf uns, die sich alle verpflichtet fühlten, am nächsten Tag an der Beerdigung auf dem Gelände des Gästehauses teilzunehmen. Dort hielt ein sehr einfühlsamer Geistlicher, ein Reverend der *Church of Scotland*, den Abschiedsgottesdienst.

Als die riesige Trauergemeinde anschließend dem Sarg hinterherzog, konnte ich nicht mehr an mich halten. »Warum hast du ihn mir genommen? Warum mir? Warum hatten wir nur so wenig

Zeit zusammen? Wie konntest du das zulassen, Gott?«, weinte und schrie ich laut. Bis zu jenem Moment hatten mir nur Menschen Schmerz zugefügt, nun aber schien es mir so, als hätte auch Jesus mich verletzt. Ich fühlte mich in tausend Stücke zerbrochen, ohne die Hoffnung zu haben, dass jemand die Teile jemals wieder zusammensetzen könnte. Ich war ein Scherbenhaufen – dazu verurteilt, weggeworfen zu werden. Mein Leben war nur noch Leid. Alle Hoffnung war dahin.

Einige Frauen an meiner Seite beruhigten und stützten mich. »Verliere nicht die Hoffnung, Eli«, flüsterten sie, doch auch ihnen fehlten die Worte. Es gab auch keine Worte, die mein Herz hätten trösten können. Der Schmerz war zu groß und der Verlust zu tragisch.

Am Abend nach der Beerdigung kam meine Schwiegermutter zu mir. Sie war die ganze Zeit recht gefasst gewesen, obwohl der Verlust ihres Sohnes, der treu für sie gesorgt hatte, ein herber Schlag für sie war. »Eli, ich habe nicht so viel geweint wie du, auch wenn es sehr schwer für mich ist. Pratap war gläubig an Jesus und ich weiß, er ist jetzt an einem besseren Ort.«

Sie erzählte mir, wie ihr Pratap unter vier Augen ans Herz gelegt hatte, im Falle seines Todes gut für mich zu sorgen und mich zu unterstützen. Er hatte ihr sogar eine Bibelstelle aus Sprüche 31, die Verse 10 bis 31, für mich gegeben über das »Lob der tüchtigen Frau«, die ich in seinen Augen darstellte und auch künftig sein sollte. In unserer Ehe hatte er immer wieder seine Wertschätzung für mich in Worten ausgedrückt, sogar vor seinen Freunden hatte er mich gelobt. Als Pratap in seinem Geist gespürt hatte, dass seine Zeit auf der Erde zu Ende gehen würde, hatte er auch in dieser Hinsicht Vorbereitungen getroffen. Als sie mir eine Bibel für unseren Sohn in die Hand drückte, war ich tief bewegt und mein Herz tat weh. Wie liebevoll mein Mann doch gewesen war. Wie fürsorglich und hingegeben. Oh, wie schmerzlich er mir fehlte. Sogar in seinen letzten Stunden hat er an mich und unseren Sohn gedacht und seine Liebe gezeigt. Als ich die Bibel aufschlug und die Widmung für unseren Sohn sah, liefen mir Tränen über die Wange.

Jonathan Pradhan my dearest son!
Walk closely with Jesus
all the days of your life!
Your dad Pratap Pradhan

»Für meinen geliebten Sohn Jonathan Pradhan! Gehe eng mit Jesus alle Tage deines Lebens! Dein Vater Pratap Pradhan«

11

IM DUNKLEN TAL

Kalimpong, Indien 1995–1998

Die Nacht senkte sich über die grünen Hügel von Kalimpong. Im Gästehaus regte sich nichts mehr, nur ein paar Zikaden im Garten zirpten in der Stille noch ein letztes Abendlied. Die neuen Gäste hatten offensichtlich ihr Bett gefunden, die entfernten Gespräche in den Stockwerken über mir waren verstummt. Müde sank ich auf mein Bett, jeder Muskel sehnte sich am Ende dieses arbeitsreichen Tages nach Schlaf. Dennoch nestelte ich unschlüssig an meiner Decke herum. Ich fürchtete mich, das Licht auszuschalten – wie immer, seit Pratap nicht mehr an meiner Seite war.

Jeden Abend kamen nach einem Tag voll Betriebsamkeit und Ablenkungen Einsamkeit und Furcht zurück. Mein Blick fiel auf das friedliche Gesicht meines Kindes neben mir. Der Zweijährige atmete tief und fest und ahnte nichts von den Kämpfen, die ich auszufechten hatte. Ohne Jonny hätte mir nach Prataps Tod die Kraft gefehlt weiterzugehen. In dieser dunklen Zeit war mein Sohn der helle Lichtstrahl und das größte Geschenk, das mir geblieben war. Sein Lachen, seine unbeschwerte und offene Art gaben mir Lebensmut.

Immer wieder kamen Erinnerungen hoch. Erinnerungen an Pratap, wie er mich anschaute, wie er lachte, an gemeinsame Momente oder Dialoge. Er sprach oft Wertschätzung dafür aus, wie ich Jonny erzog, und vertraute mir voll und ganz. Jetzt war ich allein für Jonny verantwortlich und in mir war Angst.

Was, wenn mir etwas zustoßen würde? Was wäre dann mit Jonny?

Mit einem Seufzer versuchte ich, die bedrückenden Gedanken zu verscheuchen, und schwang die Beine ins Bett.

Ich starrte in den matten Schein der Glühbirne über mir. Vielleicht, wenn ich versuchen würde, sie brennen zu lassen … Ich wusste, dass ich nicht einschlafen könnte. Entschieden drückte ich den Schalter. Finsternis umhüllte mich. Kaum lag ich im Kissen, begannen die Ängste wieder aus den Ritzen meiner trauernden Seele hervorzukriechen.

Was, wenn es brennen würde? Es brannte oft in Kalimpong. Die offenen Herdfeuer setzten ganze Stadtviertel in Brand. Doch hier auf dem Gelände war noch nie Feuer ausgebrochen. Was aber, wenn …? Ich tastete unter mein Bett. Der Koffer zur Flucht war gepackt. Im Fall des Falles würde ich ihn und mein Kind schnappen und losrennen … Ruckartig setzte ich mich auf. Wo war nur der Schalter, mit dem ich die Ängste ausknipsen konnte?

Ich legte mich wieder hin. Was, wenn mir keine Zeit zur Flucht bliebe? Wenn es wieder ein Erdbeben gäbe wie damals in Bhutan, als die Wände unseres kleinen Hauses gewackelt hatten und wir Kinder schreiend hinausgerannt waren? Unzählige Häuser waren eingestürzt! *Die Kleider liegen bereit*, versuchte ich mich zu beruhigen. Doch das Karussell meiner Ängste drehte und drehte sich unerbittlich weiter, bis mir irgendwann die Augen zufielen.

Die Monate nach Prataps Tod waren unendlich hart für mich. Zwei Monate blieben meine Schwestern an meiner Seite, halfen, trösteten und beteten für mich. Doch als sie abreisten, blieb mir kaum jemand, vor dem ich den Schmerz meiner Seele ausdrücken konnte. Nicht dass ich an Gottes Existenz gezweifelt hätte. Er erschien mir groß! Aber mein Glaube war in der Glut der Trauer zu einem Häufchen Asche zusammengeschmolzen. Es wollte mir nicht in den Kopf, warum Gott diesen gläubigen, gutherzigen, fürsorglichen und hochintelligenten Mann aus dem Leben gerissen hatte und mich mit einem kleinen Kind einsam und unversorgt zurückgelassen hatte. Voller Anklagen und Bitterkeit irrte ich durch Angstzustände und Depressionen, mein Magen rebellierte und Gallensteine plagten mich, bis sie entdeckt und herausoperiert wurden. Es ging mir unsagbar schlecht und es war keine Besserung in Sicht.

An einem Abend passierte mir dann, was ich um jeden Preis hatte vermeiden wollen: Nach einem Treffen musste ich allein in der Dunkelheit nach Hause gehen. Von Panik getrieben, stolperte ich durch die Finsternis. Ich hatte furchtbare Angst! Plötzlich erinnerte ich mich an das Lied des Predigers, der mir während der Schwangerschaft in unserem Haus jenes persönliche prophetische Wort für Jonny gegeben hatte. Ob es eine Antwort auf die vielen Gebete meiner Familie war, dass mir die Worte in jenem Moment einfielen? Der Prediger hatte damals ein Lied gesungen über Psalm 23, »Der Herr ist mein Hirte«, das mir so gut gefallen hatte. Leider kannte ich die Verse des Psalms kaum. Aber ein Vers erklang in dieser Nacht in mir und leuchtete mir wie eine Laterne nach Hause:

Und ob ich schon wanderte im finsteren Tal,
so bist du bei mir!
Ich fürchte kein Unglück und hab keine Angst,
denn du bist bei mir!
Dein Stecken und Stab,
sie trösten mich, denn du bist bei mir!

Diese Worte sang ich vor mich hin, bis ich im Gästehaus war, und ich merkte, wie sich etwas Trost in meinem Herzen breitmachte. *Ja, du bist bei mir, Gott.* In dieser Nacht schlief ich ruhig ein.

Das war nicht das einzige Mal, wo mir Gott mit Trost begegnete. Als ich mir Sorgen machte, dass mein Sohn vaterlos aufwachsen und welche Folgen das für ihn haben wird, erlebte ich Gott als Tröster – dieses Mal in der Person meines ältesten Bruders Bikash, der sonst kein großer Redner war, sondern eher ein »Macher«. Er war wie ein Ersatzvater für mich gewesen. »Schau uns an, Eli!«, rechnete er mir pragmatisch vor, »was hatten wir als Familie, als wir nach Bhutan gingen? Nichts! Es war so hart für uns. Und jetzt? Es geht uns besser! Wir haben Geschäfte und Familien. Es ist traurig, dass du deinen Mann verloren hast, aber schau nicht zurück! Sonst zieht es dich zurück. Gott ist da und wird auch in deinem Leben Wunder tun, so wie er es für uns tat. Darum schau nach vorne!«

Er erinnerte mich an den Vers aus Jesaja 43, Vers 18 und 19: *»Denkt nicht mehr daran, was war, und grübelt nicht mehr über das Vergangene. Seht hin; ich mache etwas Neues; schon keimt es auf. Seht ihr es nicht?«*

Mein anderer Bruder Bejoy schrieb mit seiner Frau sogar ein eigenes Lied für mich. Er ermutigte mich, beim Text mitzuwirken, sodass ich tatsächlich die letzte Strophe des Liedes selbst schrieb und mein Herz ausdrückte.

Die Worte sollten Jesu Sieg über meinem Leben ausrufen. Immer, wenn ich es sang, kam Friede in mein Herz. Ich war zwar innerlich noch verletzt und aufgewühlt, aber das Singen war ein Startpunkt dafür, dass der Heilungsprozess in Gang kam. Später nahmen wir es sogar auf und das Lied erreichte in Form einer Kassette viele Menschen in Nepal und Indien. Hier die übersetzten Worte des Liedes:

Meine Familie vor unserer Bekehrung in Bhutan (v. l. n. r.):
Nariwal, Nariwals Tochter, meine Mutter,
Motis Tochter, Moti, ich, Suk-Maya

Mein erster Ehemann Pratap und ich
mit unserem kleinen Sohn Jonny 1994

Familienfoto im Dezember 2002. Hinten (v.l.n.r.): Moti, Laxmi, Suk-Maya, Devki; vorne: Bikash, Nariwal, unsere Mutter, ich und Bejoy

Meine erste Schwiegermutter mit Jonny und mir 2002

Unsere Hochzeit

2009 in Herrnhut stehen wir vor der Kirche der Brüdergemeine

Vor unserem JMEM Zentrum in Herrnhut

Loren Cunningham und ich bei einer Missionsveranstaltung in Hamburg 1999

Eli 1990 im Urlaub in Goa, Indien

Eli 1991 in Kathmandu, Nepal

Jonny und Josh machen 2013 Lobpreis
im Anapurna Basecamp in Nepal

Thomas und Jonny flogen zu einem medizinischen Einsatz
in einem sehr abgelegenen Gebiet in Westnepal

Marktstand mit nepalesischen Handarbeiten
beim Christkindlmarkt in Görlitz

Thomas mit dem Mt. Everest Basecamp Team 2019

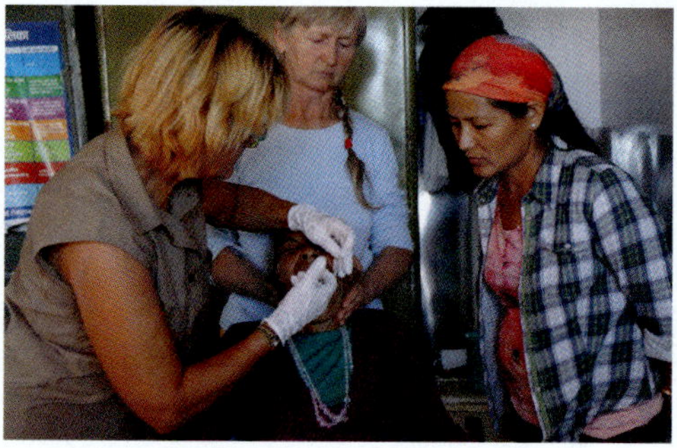

Zahnbehandlung in den Bergen
beim Medical Camp

Diese alte Frau streckte ihre Hand zu mir aus und
bat mich um Hilfe durch das Medical Camp

Familienausflug, v. l. n. r.: Laxmi, M Lama, seine Frau Devki, unsere Mutter und Suk-Maya beim Lobpreis 2014

Chuchure, Geburtsort meiner Eltern. Ich stehe auf dem Grundstück meiner Vorfahren 2022

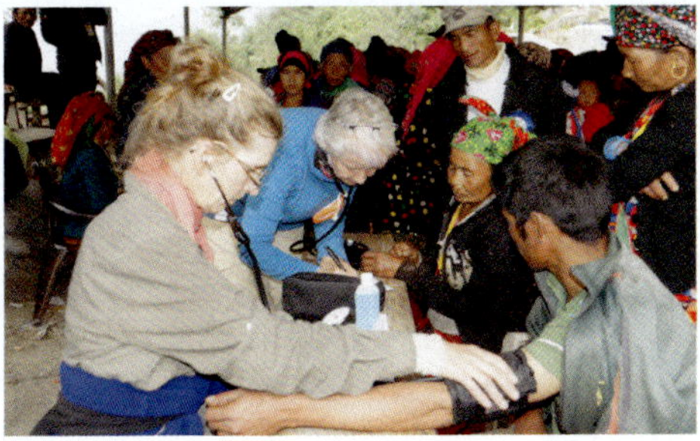

Unsere deutschen Helferinnen beim Medial Camp

Meine Familie in Nepal 2022

Jonny mit Helea,
Ezra und Ophelia 2022

Meine Mutter und ich

Es ist mein fester Wunsch, dir zu folgen, mein Herr.
Jeder Moment ist erfüllt mit dem Wunsch, dich zu preisen.
Wenn ich in tiefster Traurigkeit weine, gibst du mir Freude.
Wenn ich sehr durstig bin, stillst du meinen Durst.
Wenn ich schwach bin, mein Körper erschöpft ist,
selbst wenn die Welt in Feindschaft mit mir steht,
sage ich immer noch, du bist mein wahrer
und lebendiger Gott!
Lass mich in deinem Herzen leben
und lass mich immer zu dir gehören.
Wie kann ich mit meiner Unwürdigkeit zu dir kommen?
Aber ich komme zu dir mit der Wahrheit deines Wortes,
du bist meine Hilfe und meine Zuflucht.
Es ist mein fester Wunsch, dir zu folgen, mein Herr.

Immer wenn ich am Ende meiner Kräfte war, gab Gott mir auf irgendeine Weise eine stärkende Wegzehrung für die Herausforderungen, denen ich mich stellen musste.

Auch wenn ich im Gästehaus in einem gewissen christlichen Schutzraum lebte, so litt ich doch unter der Scham und Schande, die in unserer nepalesischen Kultur damit verbunden ist, in frühen Jahren Witwe zu werden. Im Hinduismus existiert der Aberglaube, dass, wenn ein Ehemann kurz nach der Heirat stirbt, die Frau Unglück über ihren Mann gebracht hatte.

Ich war zwar innerlich überzeugt, dass dies nicht der Wahrheit entsprach, aber es quälte mich vor allem in stillen Stunden, was meine Umwelt über mich denken würde. In ihren Augen hatte ich vielleicht versagt, da mein Mann gestorben war nach nur wenigen Ehejahren. Machte man mich hinter vorgehaltener Hand verantwortlich für Prataps Tod? Was würden die nichtchristlichen Besucher über mich denken und sagen, die ebenfalls zu Kondolenzbesuchen in unser Gästehaus kamen? War ich in ihren Augen eine Verfluchte? Das alte Trauma meiner Kindheit schien mich aufs Neue einzuholen …

Es gipfelte in einem Erlebnis, das mir den Boden unter den Füßen wegzog. Erneut gab es Streit unter meinen temperamentvollen Mitarbeiterinnen im Gästehaus. Wieder landete der Konflikt zur Schlichtung bei mir. Dieses Mal war sogar meine direkte Assistentin, sozusagen meine rechte Hand, darin verwickelt. Nachdem ich mir die Streithähne angehört hatte, konnte ich ihr in der Sache nicht Recht geben. Das erboste sie. Aggressiv begann sie auf mich einzureden. Erschöpft und entnervt von ihrem Gezeter, tat ich genau das, wovor ich gewarnt worden war: Impulsiv wie ich war, bellte ich zurück. Ich sagte ihr ins Gesicht, wo ihr Fehler lag. Daraufhin explodierte sie! Sie brüllte mich an – ich schrie zurück. Auf diese Weise schaukelte sich das Ganze hoch, bis sie mir plötzlich ein nepalesisches Schimpfwort entgegenschleuderte: »Du bist ein ›Mann-Fresser‹ – eine *Bura khane*!« Damit sagte sie mir klar ins Gesicht: Du bist schuld am Tod deines Mannes! Du warst für ihn ein Fluch und sein Unglück!

Mir schnürte es regelrecht die Luft ab. Hatte mich nicht meine Mutter früher ähnlich tituliert? Als »Vater-Fresserin«? Es war, als hätte mich diese Mitarbeiterin eine Klippe hinabgestoßen, und ich fiel und fiel … und niemand würde mich auffangen. Mein Herz versank in Schmerz und Wut. Schockiert drehte ich mich auf den Hacken um, rannte davon und knallte die Tür zu meinem Büro hinter mir zu. Wenigstens war mir dieser Tipp meiner Schwiegermutter wieder eingefallen: »Wenn du die Kontrolle verlierst, renne weg und schließe die Tür zu!«

Doch meine Kontrahentin gab nicht auf, laut pochte sie an der Tür und schrie: »Wir sind noch nicht fertig. Rede gefälligst mit mir!«

Ich tat es nicht. Dafür schrieb ich im Geiste schon die Kündigung unter ihren Zeitvertrag. Sie hatte die rote Linie überschritten!

Irgendwann gab sie auf und zog ab. Als ich mich beruhigt hatte, hörte ich eine leise Stimme in mir: »Bleibe ruhig. Du wirst diesen Ort bald verlassen.« Pratap stand mir vor Augen und sein Satz, den er oft gesagt hatte, wenn ich hitzig gewesen war: »*Love wins*, Eli, nur Liebe gewinnt!« Ich spürte, dass Pratap die Frau nie als Racheakt gefeuert hätte.

Also entschied ich mich, die Sache in Gottes Hand zu legen und meine Gegnerin auch nicht im Hauptbüro anzuschwärzen. Stattdessen bat ich in der Verwaltung darum, für mich eine Nachfolgerin im Gästehaus zu suchen, was einige Zeit in Anspruch nehmen würde. Meiner Assistentin taten der Streit und die bösen Worte im Nachhinein sehr leid, das spürte ich, auch wenn sie es niemals offen angesprochen hat.

Eine entscheidende Hilfestellung zum Umgang mit dem Thema »Fluch« bekam ich dann durch ein internationales Missionarsehepaar – sie kam aus Schweden, er aus Indien –, deren Gemeinde ich manchmal in Kalimpong besuchte. Nach einem Gottesdienst erzählte ich den beiden bei einem Essen, dass mich nachts so schreckliche Todesängste quälten.

Der Mann horchte auf. »Eli, die Bibel spricht davon, dass es im geistlichen Raum Fluch und Segen gibt. Ich kenne die Geschichte deiner Vorfahren nicht, aber nach dem zu urteilen, was du erzählst, könnte vielleicht ein Fluch auf deiner Familie liegen.« Er empfahl mir dazu ein Buch des englischen Bibellehrers Derek Prince zu lesen mit dem Titel »Segen oder Fluch«. Der indische Bruder gab mir folgenden Auftrag: »Wenn du heimkommst, dann tu Folgendes: Nimm Jonny und danke zuerst für dein und sein Leben. Dann sprich im Namen Jesu – das ist dabei sehr wichtig! Ergreife seine Autorität! Schneide dich und dein Kind im Namen Jesu von jedem Fluch ab, der auf deiner Familie war. Durch gewisse Taten von Vorfahren bestehen in Familien manchmal Anrechte der Finsternis und offene Türen. Falls dies der Fall war, schneide dich davon durch die Kraft des Blutes Jesu ab. Schließe diese Türen ein für alle Mal.« Bei diesen Worten musste ich an die animistischen Praktiken meiner Vorfahren denken. Sie hatten Geister in belebten und unbelebten Dingen gesehen, wie Steinen, Bäumen und Tieren, hatten okkulte Praktiken und Rituale angewandt und sich Hilfe bei den Geistheilern geholt. In ihrer Unwissenheit hatten sie geglaubt, dass Geister magische Kräfte verleihen konnten oder sie anderen Menschen durch ihre Kräfte schaden könnten. Ich wollte mit diesem geistlichen Erbe jedenfalls nichts mehr zu tun haben.

Darum ging ich nach Hause und folgte den Anweisungen des Pastors.

Als ich uns beide mit einem Gebet von jedem möglichen Fluch im Namen Jesu abgeschnitten hatte, spürte ich große Erleichterung. Unter dem Zeichen des Fluches hatte mein Leben begonnen, aber damit war jetzt Schluss.

Geistlich brachte mich dies spürbar einen Schritt weiter, auch wenn es mir immer noch schwerfiel, eine Perspektive für mein Leben zu entwickeln und Gott und seinem Wort zu vertrauen. Ich wusste einfach nicht, was aus Jonny und mir werden sollte.

Außer Psalm 23 kannte ich die Bibel nicht genauer. Ich hatte zwar schon einiges gehört und gelesen in den Jahren meines Christseins, dennoch war ich weit davon entfernt, ein tiefes Bibelwissen zu haben. Eines Tages spielte Jonny in unserem großen Schlafzimmer des Gästehauses und warf dabei einen Ständer mit kleinen Karten hinunter, auf dem Bibelverse für die Gäste bereitstanden. Ich beauftragte Suri, meinen jungen Helfer, damit, den Raum wieder in Ordnung zu bringen. Der Junge lebte bei uns, arbeitete mit und wurde von uns versorgt. Beim Aufräumen übersah Suri versehentlich eine der Karten unter dem Bett. Ich bemerkte es im Vorbeigehen, überließ es aber dem Jungen, sie noch aufzuheben. Den ganzen Tag stach sie mir ins Auge und nichts geschah. *Vielleicht ist sie ja für dich*, schoss es mir durch den Kopf. Mit einem Seufzer bückte ich mich nach dem Kärtchen unter dem Bett. Ich machte mir normalerweise nicht viel aus Versen, mein Herz war taub für die biblischen Zusagen Gottes. Alle guten Worte schienen schwächer als der Schmerz, der mich erfüllte. »Ich werde nie wieder glücklich sein. Für mich gibt es keine Zukunft und keine Hoffnung mehr ...« In dieser Stimmung verbrachte ich normalerweise meine Tage. Doch als mein Blick auf die Karte mit dem Vers aus Jeremia 29, Vers 11 fiel, durchdrangen die Worte meinen depressiven Schutzpanzer.

> »Denn ich weiß genau, welche Pläne ich für euch gefasst habe«, spricht der HERR. »Mein Plan ist, euch Heil zu geben und kein Leid. Ich gebe euch Zukunft und Hoffnung.«

Zukunft und Hoffnung? Ich spürte, dass Gott gewollt hatte, dass ich diese Karte lese. Er wollte mir diese Wahrheit vor Augen halten! Doch Schmerz und Zweifel lehnten sich in mir auf und machten es mir schwer, Gott beim Wort zu nehmen. Dieser Vers schien geradezu das Gegenteil von meiner Situation zu beschreiben. Wie sollten »kein Leid und eine gute Zukunft« in meinem Leben jemals wieder Wirklichkeit werden?

Meine Familie in Kathmandu tat indessen ihr Bestes, um mir eine Lebensgrundlage zu verschaffen. »Komm zurück zu uns«, so ermutigten sie mich immer wieder aufs Neue, wenn ich sie in Nepal besuchte. Und das tat ich häufig. Meine zweitälteste Schwester Moti hatte inzwischen als erfahrene Geschäftsfrau für mich einen zusätzlichen Modeladen gekauft und gestartet, um mir die Rückkehr zu erleichtern.

Wenn ich zu Gast in Kathmandu war, besuchte ich die wachsende Gemeinde meiner Schwester Devki, in der das geistliche Leben pulsierte. Bei einem Aufenthalt in der Hauptstadt wurde ich einmal in eine andere, kleinere Gemeinde im Touristenviertel Thamel eingeladen, um dort den Lobpreis zu leiten. Ich spürte, dass diese kleine Schar von Christen meine Unterstützung brauchte, und beschloss, ihnen eine Zeit lang beizustehen, bis sie wachsen würden. Ich würde dann später wieder zu Devkis Gemeinde zurückkehren.

In dieser kleinen Gemeinde in Thamel war auch Hares, ein Mann aus Bhutan, der davon hörte, dass ich ein Herz für Kinder hatte, und in Indien regelmäßig Geld für ein Kinderheim gespendet hatte. Ich erzählte ihm von meiner Vision, armen Kindern zu helfen. Er machte mir den Vorschlag, einen Verein zu gründen, eine NGO *(Non-Government Organisation)*, um gezielter Spenden für Hilfsprojekte sammeln zu können. Dank seiner Erfahrungen und

Hilfe brachte ich mit einigen Freunden und meinen Schwestern tatsächlich einen kleinen Verein an den Start und wurde Anfang 1997 Leiterin dieser kleinen NGO.

Mein Ziel war es, mittellose Kinder zu unterstützen sowie in abgelegenen Bergregionen Schulen zu bauen. Schon bald war ein bedürftiges Dorf in der Nähe der Stadt Pokhara gefunden, das idyllisch an einem Bergsee liegt und etliche Touristen anzieht. Viele Kinder in den Dörfern ringsherum hatten einen Schulweg von zwei bis drei Stunden in eine Richtung zu gehen, bis sie die einzige Schule weit und breit erreichten. Angesichts solcher Bedingungen ist es nachvollziehbar, dass viele Kinder in den abgelegenen Bergdörfern Nepals nicht zum Unterricht erscheinen – insbesondere die Mädchen, die oft mit Haushaltspflichten so beschäftigt sind, dass sie den weiten Schulweg nicht auch noch bewältigen.

Hier wollten wir Abhilfe schaffen und in einem Dorf namens Gurung Busty eine erste kleine Schule bauen, die den verarmten Familien ermöglichen sollte, ihre Kinder regelmäßig zum Unterricht zu schicken, um sie vor Menschenhandel und Ausbeutung zu bewahren. Der neu entstandene Verein war ein Silberstreifen an meinem Horizont. Endlich konnte ich etwas für die Schwächsten in Bewegung setzen!

Im Bereich Bildung kam in den 90er-Jahren in Nepal einiges in Bewegung: Viele Privatschulen entstanden und christliche Organisationen gründeten Kinderheime, um den ärmsten Kindern zu helfen. Auf diese Weise gingen deutlich mehr junge Menschen zur Schule als zuvor. In der Folge legte auch die Regierung einen neuen Schwerpunkt auf die Bildung und ermutigte die junge Generation zum Schulbesuch. In jüngster Zeit kletterte die Alphabetisierungsrate in Nepal auf diese Weise auf 76 Prozent, was ein echter Fortschritt ist.

ALPHABETISIERUNG

In Nepal können 76,2 % der Menschen lesen und schreiben, dabei liegt der Alphabetisierungsgrad bei Männern bei 83,6 %, bei Frauen dagegen nur bei 69,4 %. Männer haben im Vergleich zu Frauen auch häufiger einen höheren Bildungsabschluss.[9]

Meine Schwiegermutter bestärkte mich zu dieser Zeit, nach vorne zu blicken. Als sich abzeichnete, dass die Verwaltung des Internatsgeländes in Kalimpong eine geeignete Nachfolgerin für mich finden würde, sagte sie zu mir: »Eli, du bist jung. Sei offen für das, was Gott in dein Leben bringen wird.« Meine Schwiegermutter entschied sich, zu ihrer Tochter zu ziehen, und gab mich aus der Verantwortung frei, mich um sie zu kümmern. Ich blieb mit ihr verbunden, auch über die Jahre hinweg.

Ich plante schließlich nach fünfjähriger Tätigkeit im Gästehaus, im folgenden Jahr 1998 nach Nepal zurückzukehren und das Geschäft zu übernehmen, das meine Schwester Moti für mich bereithielt. Bevor ich in Indien jedoch meine Tätigkeit endgültig beendete, verbrachte ich im Oktober 1997 noch einen Urlaub in Kathmandu. In dieser Zeit hatte mein Bekannter aus Bhutan einen Spezialauftrag für mich. »Du kennst dich doch aus mit Gästen aus dem Ausland«, meinte er. »Und du sprichst gut Englisch.« Aus diesen Gründen bat er mich, ein internationales Missionsteam unter meine Fittiche zu nehmen. Die Teilnehmer hatten geplant, einen Kurzzeiteinsatz in Nepal zu verbringen. Inspiriert durch die missionarische Bewegung *Adopt-A-People*, in deren Fokus unerreichte Volksgruppen stand, hatten sie im Vorfeld einen Volksstamm in einem entlegenen Gebiet von Nepal »adoptiert« und wollten dort nun praktisch Hilfe leisten und den Menschen zum ersten Mal das

Evangelium bringen. Ich sollte sie zu Beginn des Einsatzes abholen und in die Kultur Nepals einführen.

»Nun ja, warum nicht«, meinte ich spontan und nahm den Auftrag an.

Um mich auf die Gäste vorzubereiten, schlenderte ich durch die Buchhandlungen des Touristenviertels Thamel, in denen sich Bücher in Türmen bis unter die Decke stapeln. Ich suchte etwas zum Thema »Kulturelle Besonderheiten von Nepal«, um den Ausländern ein Verständnis unserer nepalischen Kultur sowie ein paar Verhaltenstipps mit auf den Weg geben zu können. Gewissenhaft machte ich mir einen Plan, organisierte Unterkünfte, bestellte Essen und plante Reisemöglichkeiten im Land. Mit jedem Tag rückte die Ankunft des fünfköpfigen Teams näher.

Ich ahnte nicht, dass die Begegnung mit diesen Christen mein ganzes Leben auf den Kopf stellen würde.

12

GOTTES FÜHRUNG IN MEINEM LEBEN

Kathmandu 1997

Ich stehe im Gewühl vor der Wartehalle im Flughafen und warte auf meine Gäste.

Wie fünf Helden in einem Kinofilm sehe ich die Truppe aus Deutschland mit Gepäck die Biegung des Ganges herunterschreiten, vorbei am Spalier der Götterfiguren, die im »Land der Götter« die Touristen empfangen sollen.

Ferne Gäste heißen wir in Nepal mit Blumengirlanden willkommen, die aus gelben Ringelblumen geflochten sind. Doch ich beschränkte mich auf ein freundliches *Jai maishi* – der Gruß, mit dem sich nepalische Christen begrüßen.

»*Jai maishi!*«, erschallt es fröhlich aus fünf Mündern. Als Einstieg ist in den ersten Tagen eine Sightseeingtour durch Nepals Hauptstadt geplant.

Das Touristenviertel Thamel lernen meine Gäste als Erstes kennen, da sich hier die meisten Hotels zwischen den engen Gassen voller Souvenirläden, Wechselstuben, Trekkingbedarf und Restaurants befinden. Verständigung ist hier in Englisch problemlos möglich.

Um in die Kultur Nepals einzutauchen, müssen sich die Christen mit den vielen Göttern, Religionen und Tempeln auseinandersetzen. Schließlich haben sie auf dem Herzen, meinem Volk in Wort und Tat den Gott der Bibel bekannt zu machen.

Darum führe ich das Team zu Fuß im Labyrinth der Altstadt an zahlreichen kleinen Schreinen, *Stupas* und Heiligtümern vorbei.

STUPA

Ein *Stupa* ist ein kleines Bauwerk oder ein Grab- und Verehrungshügel, der Buddha und seine Lehre symbolisiert. Oft sind Reliquien oder heilige Schriften darin eingemauert.[10]

In den nächsten Tagen zeige ich ihnen die Heiligtümer der Buddhisten, zu denen Scharen von Gläubigen aus dem In- und Ausland pilgern. Da ist zum einen der riesige Stupa von Bodnath, der von zahlreichen Klöstern tibetischer Flüchtlinge umgeben ist.

Genauso bedeutend ist der im Volksmund genannte »Affentempel«, Swayambhunath. Auf dem steilen Hügel turnen zahlreiche Affen um die riesigen Götterstatuen und den Stupa herum, was für große und kleine Besucher eine Attraktion ist. Von hier aus hat man eine beeindruckende Aussicht über das Häusermeer der Hauptstadt.

Das wichtigste Heiligtum für die Hindus ist Pashupatinath im Osten von Kathmandu, eine riesige Tempelanlage mit vielen Schreinen und Verbrennungsplätzen für Verstorbene, die direkt am Fluss Bagmati eingeäschert werden. Im Wasser landet die Asche der Toten – gleichzeitig baden die Pilger darin. Unsere ausländischen Gäste sind sichtlich bewegt und ich spüre ihre Sehnsucht, mein Land von der Liebe Gottes durchdrungen und verändert zu sehen.

Bevor die Teammitglieder zu ihrem Einsatz in jene abgelegene Bergregion von Nepal aufbrechen, bekommen sie von mir noch ein paar Tipps mit auf den Weg.

»Frauen und Männer sollten sich nicht berühren!«, schärfe ich ihnen ein. »Beim Gebet solltet ihr niemand die Hände auf den Kopf legen. »Und als Christen trinkt ihr keinen Alkohol! Das kann Ärger geben.«

Am Bahnhof winke ich schließlich dem Bus hinterher, in den sie einsteigen und der sie zwei Tage in die Berge schaukelt. Anschließend warten noch ein Flug sowie eine zweitägige Wanderung auf das Missionsteam, bis sie ihr Ziel erreichen. Die Bergbewohner, denen sie predigen, hatten noch nie zuvor das Evangelium gehört. Staunend sammeln sich ganze Trauben um die Ausländer, wenn sie singend, betend und mit kleinen übersetzten Ansprachen auf den Plätzen auftreten. Nach ein paar Tagen erfahren die Ortsverantwortlichen von ihrem Einsatz und drohen den Teammitgliedern eine Gefängnisstrafe an, wenn sie nicht binnen 24 Stunden verschwinden.

Am Ende der Einsatzzeit fliegen drei von ihnen zurück. Zwei jedoch wollen noch Urlaub am See von Pokhara machen – der Teamleiter namens Thomas sowie Sandra, die einzige Frau des Teams. Der Bekannte aus der kleinen Gemeinde in Thamel fragt mich, ob ich bereit sei, die beiden mit ihm noch eine weitere Woche zu begleiten, vor allem, weil er für die Frau eine Begleiterin brauche. Ich lehne ab, weil ich meinen restlichen Urlaub nutzen will, um Zeit mit meiner Familie in Kathmandu zu verbringen. Ich muss danach noch einmal ins Gästehaus nach Indien zurück. Doch er bearbeitet mich dermaßen, dass ich mich unter Druck gesetzt fühle und wir am Ende noch fast Streit bekommen. Zerknirscht erzähle ich meiner Mutter davon, die wie ich bei Moti lebt. Auch sie ermutigt mich mitzugehen.

In der Nacht vor der Abfahrt bitte ich Gott um ein Zeichen, damit ich seinen Willen erkennen könnte. »Wenn du dafür sorgst, dass ich den freien Sitz im Bus neben dem Fahrer bekomme, soll das bedeuten, dass ich mitgehen soll«, bete ich. Es war Hochsaison im Oktober und unwahrscheinlich, dass der begehrte Platz nicht belegt wäre. Früh am Morgen begebe ich mich zum Busbahnhof. Die anderen empfangen mich freudig. Ich schiele auf den Vordersitz des Busses und frage den Fahrer, ob er noch frei wäre. »Ja, klar, setze dich!«, ruft er und winkt mich hinein. Der Ticketboy pocht von außen laut rufend an das Blech des Reisebusses, treibt die letzten Fahrgäste hinein und los geht es. Ich hatte meine Bestätigung von Gott, dass ich dabei sein sollte!

Warum, wurde mir erst später klar.

Ich hätte den jungen Mann aus Deutschland niemals näher kennengelernt… Plötzlich hatten wir beide Zeit, am See von Pokhara ins Gespräch zu kommen, in dem sich die weißen Bergriesen romantisch spiegelten. Thomas wusste zwar, dass ich Witwe war, aber sonst wusste er keine weiteren Details über mich. Ich hatte sein Interesse geweckt und er war neugierig. Mir ging es ähnlich mit ihm. *Ob er wohl verheiratet ist?* Ich frage möglichst dezent nach und finde heraus, dass er Single ist und auch noch nie verheiratet war. Wir lernen uns näher kennen und ich erzähle ihm, was mich innerlich bewegt und auch von meinen Plänen, nach Nepal zurückzukehren.

Ich teile auch meinen Traum mit ihm, Kindern in Nepal zu helfen. Er hört höchst interessiert zu und bei der Heimfahrt freue ich mich, ihm im Gang gegenüberzusitzen – den Einzelplatz neben dem Busfahrer überlasse ich gerne jemand anderes. Ich fühle mich verstanden, und wir spüren beide, wie es uns zueinander hinzieht. Thomas verspricht, bald wiederzukommen.

Und das tat er. Ein paar Monate später im Jahr 1998 landete er mit dem *DTS*-Team einer Jüngerschaftsschule der christlichen Organisation *Jugend mit einer Mission* (*JMEM*) in Kathmandu.

JUGEND MIT EINER MISSION – YOUTH WITH A MISSION

Eine »Jüngerschaftsschule« (engl. DTS = *Discipleship Training School*) ist eine mehrmonatige Kurzbibelschule der internationalen Missionsgesellschaft Jugend mit einer Mission (engl. *YWAM = Youth With A Mission*), bei dem biblischer Unterricht mit einem Missionseinsatz im Ausland kombiniert wird. Die Teilnehmer schreiben sich an einem der 1800 weltweiten Standorte der überkonfessionellen Missionsorganisation ein. Die christlich-missionarische Organisation wurde 1960 von Loren und Darlene Cunningham in den USA gegründet, hat weltweit 23 000 freiwillige Mitarbeiter und seit 1972 einen deutschen Zweig.[11]

Mit diesem Einsatzteam, das zwei Monate vor Ort sein würde, fuhren wir gemeinsam nach Gurung Busty, einem kleinen Dorf bei Pokhara, wo ich mit unserer NGO bereits eine kleine Schule mit 25 Schülern des Dorfes in einem kleinen Haus gegründet hatte. Der Plan, die Schule zu entwickeln, war in vollem Gange.

Die jungen Christen waren sehr interessiert an den Menschen der Region, darum stellte ich für sie den Kontakt zu der Bevölkerung her und half zusammen mit anderen beim Übersetzen. Die internationalen Einsatzteilnehmer erzählten in den weit verstreuten Dörfern, wie sie persönlich Jesus kennengelernt hatten, sangen Lieder, führten kleine Theaterstücke auf und sprachen mit den Menschen über den Gott der Bibel. Kranken boten sie Gebet an und packten an etlichen Stellen praktisch mit an. Ich war berührt von der Hingabe der Kurzzeitmissionare und ihrer Leidenschaft für Jesus.

Nach und nach öffnete auch ich mich mehr und erzählte ihnen meine Geschichte und teilte meine inneren Kämpfe und Schmerzen mit ihnen. Liebevoll nahmen sie Anteil, berichteten mir, was sie in der Jüngerschaftsschule über das alltägliche Leben mit Jesus gelernt hatten, und ermutigten mich, die Stimme Gottes mehr und mehr hören zu lernen. Während ich ihnen zuhörte und zusah, spürte ich, dass es ein Unterschied war, etwas über Gott zu wissen oder ihn persönlich zu kennen. Ich genoss die Zeit mit ihnen sehr und die Gemeinschaft mit ihnen weckte in mir Hunger, mehr über meinen Gott zu lernen und ihn tiefer zu erfahren. *Vielleicht sollte ich auf eine Bibelschule gehen?* Doch wie sollte das möglich sein? Vor mir lag in erster Linie die Herausforderung, für mich und mein Kind zu sorgen.

Auch Thomas und ich konnten im Rahmen des Einsatzes Zeit miteinander verbringen. Allerdings war es nur unauffällig möglich. Schließlich war ich eine Witwe mit Kind und der Tod meines Mannes lag gerade einmal zwei Jahre und sechs Monate zurück. Wir waren noch nicht an dem Punkt, wo wir unser Interesse füreinander den anderen offen zeigen wollten. Darum schlug Thomas mir vor, an einem Missionseinsatz außerhalb von Nepal teilzunehmen.

Er wollte mir dadurch auch ermöglichen, einmal selbst die Erfahrung zu machen, als Teilnehmerin in einem Team dabei zu sein.

Nachdem der Rest des *DTS*-Teams zurückgekehrt war, blieb Thomas noch eine Woche in Kathmandu im Haus einer meiner Schwestern. Er plante einen weiteren Kurzzeiteinsatz nach Indien und lud mich ein mitzukommen, da ich Hindi sprach und die indische Kultur kannte. Ich könnte eine gute Hilfe für das Ausland-Team sein. Da die Zeit mit ihnen als Team so ermutigend für mich war, dachte ich, dass ein Einsatz in Indien bestimmt auch gut für mich sei. Also willigte ich ein.

So fuhr ich mit ihm und vier anderen Frauen nach Indien zum *Kumbh-Mela*-Festival nach Haridwar, zu dem alle drei Jahre Millionen Hindus an den Ganges pilgern, in der Hoffnung, ihrer Erlösung ein Stück näher zu kommen. Es gilt als das größte Festival der Welt. Massen von Menschen baden dabei im Fluss Ganges im Glauben, auf diese Weise ihre Sünden abzuspülen. Das Wasser betrachten die Pilger als heilig. Mitten in dieser unüberschaubaren Menge waren wir mit vielen anderen internationalen Missionsteams aktiv. Ich war fasziniert, inmitten des Festivals so viele Christen aus aller Welt zu sehen, die für die Hindus in Fürbitte einstanden und ihnen die gute Nachricht predigten.

Wir begannen den Tag mit Gebet in den Teams. Eines Morgens, während der gemeinsamen Gebetszeit, betete ich zu Gott. »Ich weiß nicht, wie meine Zukunft aussehen wird, aber ich bin zu diesem Einsatz gekommen, um dich zu suchen. Du kannst mir den richtigen Weg zeigen.« Trotz dieses Gebets hatte ich tief in mir Zweifel, ob Gott wirklich zu mir sprechen würde. Ich beendete mein Gebet. Während meine Augen noch geschlossen waren, sah ich vor meinem inneren Auge eine Wolkensäule im Himmel. Ich war verwirrt. Warum sah ich so etwas Deprimierendes? Ich konnte damit nichts anfangen und erzählte auch niemandem davon. Ich hatte noch nie einen Eindruck von Gott empfangen.

Einige Jahre später besuchte ich eine Bibelschule. Ich fand heraus, dass es im 2. Mose 13,21-22 einen Vers über Wolkensäulen gibt. Dort verlassen die Israeliten Ägypten und Gott führt sie an einen neuen Ort. In der Geschichte offenbart sich Gott als Wolkensäule. So hat Gott das Volk Israel tagsüber geführt. Da ging mir ein Kronleuchter auf! Das Bild, das ich dort in Kumba Mela hatte mit der Wolkensäule, das war Gott! Er sprach zu mir und machte mir deutlich, dass er mich an einen neuen Ort führen würde.

Der Missionseinsatz ermöglichte Thomas und mir, eine tiefere Verbindung zu knüpfen, da wir in Indien ungestört miteinander sprechen konnten, ohne dass jemand uns argwöhnisch beobachtet hätte. Im Anschluss an die Tage dort fuhren wir als Team weiter zu einem Gebetseinsatz im Himalaya nach Ladakh, einem Gebiet in Kaschmir im nördlichsten Zipfel von Indien. Bereits bei unserem ersten Halt nach zwei Tagen Busfahrt auf 2 000 Meter Höhe in der Stadt Manali wurde mir klar, dass dieser Gebetseinsatz kein Spaziergang sein würde.

Wir umrundeten gerade einen buddhistischen Tempel und riefen im Gebet die Herrschaft Jesu aus, als ich plötzlich physisch einen Rückstoß verspürte, der mich zu Boden warf, ohne dass mich jemand berührt hätte. Sofort dachte ich daran, wie mir meine Schwiegermutter ans Herz gelegt hatte, die Waffenrüstung, die im Epheserbrief in Kapitel 6 beschrieben wird, mit Bewegungen bewusst täglich anzuziehen. »Setz den Helm mit den Händen symbolisch auf und ergreife den Schild des Glaubens«, pflegte sie zu sagen, »sodass es auch der Teufel sieht!« Sie wusste um die Realität der unsichtbaren finsteren Mächte, von denen die Bibel spricht. Ich tat es fortan ganz bewusst auf unserer weiteren Reise durch die Region Ladakh.

Nachdem wir zwei Tage mit dem Bus unterwegs waren, erreichten wir unseren nächsten Halt: die Hauptstadt Leh, die auf 3500 Meter Höhe an der Kreuzung der historischen Seidenstraße von Westasien und den Ebenen Indiens liegt, da wir von dort weiter in ein Seitental reisen wollten, das uns nach Zanskar bringen sollte. Das Kloster am Ende des Tales gilt als spiritueller Ort, an dem bereits der Dalai Lama logierte. Das Problem war nur, dass dieses Seitental unter kriegerischem Beschuss von Pakistan aus stand. Darum reiste auch kein Tourist nach Zanskar weiter. Wir hörten auch von der Geschichte, dass zwei Ausländer vor einigen Jahren dort getötet wurden. Für weiße Gesichter war es gefährlich, dorthin zu gehen.

Wir nahmen uns als Team eine Zeit, in der jeder vor Gott überprüfen sollte, ob er das Risiko auf sich nehmen wollte, das letzte Stück mitzufahren. Innerlich war ich hin- und hergerissen. Auf der einen Seite dachte ich an meinen Sohn, der bei meiner Schwiegermutter auf mich wartete. Auf der anderen Seite wollte ich Thomas nicht allein fahren lassen. Denn ich war mir sicher, dass er gerne gehen wollte. Aber ich konnte mir nicht vorstellen mitzugehen. Aber was, wenn Gott aber wollte, dass ich auch mitgehe? »Gott, ich brauche deine Bestätigung«, flehte ich im Gebet.

In der Nacht hatte ich einen Traum, in dem ich über eine Hängebrücke ging und sah, wie Thomas in den reißenden Fluss fiel. Ich schrie, doch dann erkannte ich eine unsichtbare Hand, die ihn herauszog.

Aber ein Traum allein reichte mir als Bestätigung nicht aus, um die gefährliche Reise nach Zanskar zu wagen. Ich war mir nicht sicher, ob der Traum wirklich von Gott war. Darum bat ich Gott am nächsten Morgen, mir den Traum mit einem Bibelvers zu erklären. Ich schlug die Bibel auf und mein Blick fiel auf Matthäus 7, die Verse 13 und 14:

> Ihr könnt das Reich Gottes nur durch das enge Tor betreten. Die Straße zur Hölle ist breit und ihre Tür steht für die vielen weit offen, die sich für den bequemen Weg entscheiden. Das Tor zum Leben dagegen ist eng und der Weg dorthin ist schmal, deshalb finden ihn nur wenige.

Ich hatte noch nie eine Predigt über diesen Vers gehört, aber ich verstand, dass er den Traum bestätigte. Ich war überrascht und glücklich, dass Gott durch einen Traum konkret zu mir sprach.

Ich empfand, dass Gott mir dadurch sagte, dass ihm nachzufolgen vergleichbar mit dem Gang über die Hängebrücke wäre. Sie ist eng und unbequem und oft voller Risiken, aber wenn ich seinem Weg folgen würde, dann würde er mich in Gefahren beschützen.

Nun war ich mir sicher, dass ich mit dem Team weiterreisen sollte.

Thomas erlebte ich angesichts der Gefahren als nüchternen und glaubensstarken Christen: »Wenn Gott gesagt hat, wir sollen gehen, dann beschützt er uns auch.« Zwei Frauen von unserem Team blieben zurück und wir fuhren zu viert weiter. Riesige karge Berge umrahmten weiße Wüstenflächen. Dazwischen funkelten Seen in allen Blautönen, die von den schneebedeckten Bergketten des Himalayas sowie des Karakorum-Gebirges gesäumt waren.

Unser Bus war dicht besetzt mit Menschen, die aus den Bergen stammten. Außerdem waren Haustiere wie Hühner und Hunde an Bord, und es stank nach Stall ... Mit in unserem Team war eine junge Engländerin, die so feurig für Jesus war, dass sie den ganzen Weg über in Englisch im Bus predigte, während ich sie auf Hindi übersetzte.

Doch beim ersten Zwischenstopp verschlug es uns die Sprache: Ein Bombenangriff hatte ein paar Stunden zuvor Häuser und Fahrzeuge in Brand gesetzt. Trotz des Chaos fanden wir ein einfaches Hotel, in dem die Ratten die ganze Nacht unter unserem Bett raschelten. Meine englische Freundin kreischte immer wieder auf, als ob ein Tiger darunter säße. »Es ist doch nur eine Ratte«, versuchte ich sie zu beruhigen, doch es war vergeblich. Wir taten kein Auge zu.

Am nächsten Tag machten wir uns sehr früh auf den Weg und fuhren den ganzen Tag mit dem Bus weiter nach Zanskar. Am frühen Abend erreichten wir den Zielort. Zum Kloster war allerdings noch ein über zweistündiger Fußmarsch nötig. Wir waren sehr glücklich, die Zielstadt zu erreichen. Wir wussten, dass unsere Mühe nicht umsonst sein würde. Alles, was wir um uns herum sehen konnten, war nur Feld und karger Ort. Nachdem wir am nächsten Vormittag zwei Stunden gelaufen waren, erreichten wir schließlich das Kloster. Dort waren viele junge Mönche. Es gab eine kleine Kantine neben dem Kloster. Sobald wir dort ankamen, fingen wir an, Gott anzubeten und den Sieg Gottes an diesem Ort zu beanspruchen. Wir beteten um die Gegenwart Gottes in unserer Mitte.

Wir hatten auch die Möglichkeit, mit einigen Mönchen zu sprechen. Da wir die einzigen Touristen waren, die es zu sehen gab, waren sie ziemlich neugierig. Sie fragten, was uns motiviert habe, nach Zanskar zu kommen. Ich erzählte ihnen, dass ich einen buddhistischen Hintergrund habe. Mein Vater war buddhistischer Lama. Ich fuhr mit der Geschichte fort und kam dann auf das Leiden meiner Mutter in Bhutan zu sprechen und wie wir unseren Weg zu Jesus fanden und welche Erfüllung wir nun erlebten, seit wir Christen waren.

Dann sagten wir ihnen, dass unser Gott uns gesagt hat, dass wir an diesen Ort kommen und für die Menschen beten sollen. Sie hörten aufmerksam zu, während wir sprachen. Das Zusammensitzen mit ihnen in der Kantine des Klosters half uns sehr, uns zu entspannen und zu reden. Die Mönche erzählten auch, wie ihre Eltern beschlossen, sie ins Kloster zu geben, um etwas über Buddha zu lernen. Die Mönche waren sehr freundlich und wir waren dankbar, dass Gott uns die Tür geöffnet hatte, mit diesen Mönchen reden zu können.

Das »Hotel« war deutlich einfacher als die Unterkunft am Tag zuvor. Wir mussten uns beim Toilettengang ein Loch im Feld buddeln. Das Bett war selbst für mich so schmal, dass ich fürchtete hinauszufallen. Nach einer Tasse Kaffee suchten wir am nächsten Morgen umsonst. Wir bekamen lediglich etwas traditionellen Buttertee – einen Schwarztee mit ranziger Butter und Salz.

Dafür hatten wir bei unserem Gebetseinsatz die Möglichkeit, mit einigen Mönchen tiefe Gespräche über den Glauben zu führen. Außerdem trafen wir einen Schweizer, der etwas verwildert aussah und in dieser kühlen Höhenlage mit Flipflops herumspazierte.

Bei dieser Begegnung mit dem Hippie hatte Thomas den Eindruck, dass er ein Buch, das er für eine andere Person mitgenommen hatte, diesem Mann geben sollte. Mithilfe einer Taschenlampe suchten wir am Abend vor der Abreise noch querfeldein die Hütte, die ihm Unterkunft gewährt hatte, und gaben ihm das Buch über Jesus.

All diese Erlebnisse in diesen extremen Situationen ließen mich den Charakter des deutschen Missionars an meiner Seite immer besser kennenlernen.

Unseren ersten handfesten Streit hatten wir auf der Weiterfahrt nach Kashmir.

Wieder einmal standen wir im Stau und befürchteten einen Bombenangriff. Trotz aller göttlichen Wegweisung nagten in mir die Zweifel, ob ich hier jemals wieder lebend herauskommen würde … Plötzlich stellte ich fest, dass Thomas nicht mehr im Bus war. Panisch stürzte ich an die offene Tür. Ich wusste, er hatte eine starke Sehschwäche. Was, wenn er nicht erkennen würde, wenn unser Bus weiterfuhr? Ganz sicher würde dieser Busfahrer nicht auf ihn warten! Ob ich Thomas suchen sollte? Aber ich traute mich nicht heraus, aus Angst, der Bus würde auch mich zurücklassen. Irgendwann nach zwanzig Minuten tauchte Thomas wieder auf – völlig überrascht darüber, dass ich total aus dem Häuschen war. »Wo warst du? Du bist doch der Leiter! Wie kannst du einfach weggehen? Wir sind doch ein Team!«

»Ich bin nur etwas vorgelaufen, um zu sehen, ob es ein Problem gibt, das man lösen kann«, meinte er gelassen. In der Tat war ein Tanklastzug umgestürzt und blockierte die Straße. Irgendwann nach Stunden ging es weiter. Thomas blieb im Gegensatz zu uns Frauen in all diesen Herausforderungen gelassen. Er hatte schon viele Einsatzteams rund um den Globus geleitet und so manche Gefahren durchgestanden. Ihn brachte nichts so schnell aus der Ruhe.

Die Erfahrungen dieser Reise waren jedoch wichtige Bewährungsproben für uns beide. Uns bewegte zunehmend die Frage, ob es Gottes Wille war, dass wir den Weg in Zukunft vielleicht als internationales Paar gemeinsam fortsetzen sollten. Und nach diesen Tagen auf dem »Dach der Welt« musste ich mir eingestehen, dass Thomas mich beeindruckte.

Als wir zurück bei meinen Verwandten in Kathmandu waren, fühlte ich, dass es an der Zeit war, ihnen den Mann vorzustellen, der mein Herz erobert hatte. Meine Familie reagierte jedenfalls sehr zurückhaltend auf den wild aussehenden Touristen in einfachen Klamotten und ich spürte ihr Entsetzen. »Das ist doch ein Fremder«, bekam ich zu hören. »Sei vorsichtig! Du kennst nicht seinen Hintergrund! Denk daran, du hast ein Kind! Pass auf!«

Doch ihre Bedenken änderten nichts an meinen Gefühlen und Gedanken über Thomas. Wir trafen uns und machten eine Auswertung des Einsatzes.

»Für mich war es eine kostbare Erfahrung und ich bin begeistert, was Gott getan hat. Dieser Missionseinsatz hat mir sehr gut gefallen«, erzählte ich ihm.

Er hörte zu. Als er das Wort ergriff, traute ich meinen Ohren nicht.

»Eli, du solltest als Missionarin nach Deutschland kommen«, sagte Thomas überzeugt.

Wie bitte?! Er macht Witze! Ich muss mich verhört haben. Ich frage besser noch mal nach. »Was meinst du damit, dass ich als Missionarin kommen soll? Meinst du das ernst?«

»Ja, Eli. Das meine ich ernst.« Ich spürte, dass er meinte, was er sagte. Doch in meinem Herzen kamen Zweifel auf.

»Aber, Thomas, du weißt doch, dass ich nicht viel Bibelwissen habe und ich mich auch geistlich aktuell nicht in der Lage sehe, Missionarin zu sein! Was soll ich denn in Deutschland machen? Ich kann ja noch nicht mal Deutsch,« erwiderte ich.

»Glaube Gott. Er kann dich lehren. Er wird dich für sein Reich gebrauchen. Deutschland braucht Missionare. Es scheint zwar so, als wäre es christlich, aber die Mehrheit der Menschen in meinem Heimatland kennen Jesus nicht und erst recht nicht als Schöpfer und Retter. Die Menschen müssen hören, wer er wirklich ist. Und du kannst auch etwas für dein Land dort tun: Du kannst andere Christen dazu ermutigen, als Missionare nach Nepal zu gehen.« Er machte eine kurze Pause. Ich sah, wie er nachdachte, und er fing an zu lächeln. Dann rückte er mit seinem nächsten Gedanken raus.

»Was hältst du davon, wenn du zu uns nach Hurlach kommst und einfach eine Jüngerschaftsschule machst?« War das etwa eine Einladung, im Zentrum von Jugend mit einer Mission in Bayern, wo er tätig war, mehr über Gott zu erfahren? Dies war seit der Zusammenarbeit mit den DTS-Teams in den letzten Monaten mein größter Traum geworden.

Ich sehnte mich danach, meinen Hunger nach Gott zu stillen, meine Bibelkenntnis zu vertiefen, Frieden zu finden und eine Perspektive für mein Leben zu gewinnen. Ich war auf der Suche nach einem tieferen Sinn und nach tieferer Erfüllung. Konnte das die Antwort auf meine Gebete sein? Natürlich könnte ich dabei auch Thomas näher kennenlernen. Aber das stand für mich nicht im Vordergrund.

Jetzt brauchte ich erst mal etwas Zeit, über das nachzudenken, was er mir gesagt hatte. Ich wollte darüber beten und hören, was Gott dazu zu sagen hat.

Für Thomas war es an der Zeit, wieder nach Deutschland aufzubrechen, und so trennten sich unsere Wege erst mal. Doch wer weiß, für wie lange ...

Meine Schwester Moti schüttelte nur den Kopf angesichts der Idee, dass ich nach Deutschland gehen könnte – der Laden würde auf mich warten! Das Geschäft brummte und rief nach mir. Doch ich verspürte keine Sehnsucht, das große Geld zu verdienen. Ich wollte diesen inneren Frieden, den ich bei meinen Einsätzen mit den Missionsteams gespürt hatte.

Entscheidend war auch für mich, wie mein vierjähriger Sohn auf Thomas reagieren würde. Doch diese Sorgen lösten sich in Wohlgefallen auf. Jonny war ein kontaktfreudiger kleiner Kerl und kletterte sofort auf seine Schultern und ließ sich begeistert herumtragen.

An einem Abend fragte mein Sohn mich beim Zubettgehen: »Mami, wo ist mein Vater?«

Ich hatte es ihm schon oft erklärt und antwortete nur: »Im Himmel bei Jesus.«

»Kommt er zurück, wenn ich ganz fest darum bete?«

Ich schüttelte den Kopf. »Dein leiblicher Vater wird nicht zurückkommen, aber Gott kann dir einen anderen schenken, wenn er will.«

Daraufhin betete er eine Minute stumm mit geschlossenen Augen.

Als Jonny dann Thomas begegnete, spürte ich in meinem Sohn diese Sehnsucht, einen Vater zu haben. Die beiden hatten einander schnell ins Herz geschlossen.

Schließlich bewegte mich noch die Frage: Was würde aus meinem Dienst für die Kinder in Nepal werden, der inzwischen wuchs und Fahrt aufnahm? Die NGO betrieb eine kleine Schule in Gurung Busty. Aber es gab weitreichende Pläne für eine größere Dorfschule, die dabei waren, mir etwas über den Kopf zu wachsen. Als nämlich die Verantwortlichen im Dorf sowie der Schulleiter Wind davon bekommen hatten, dass ausländische Sponsoren den Bau unterstützen würden, waren die Planungen plötzlich immer umfangreicher geworden. Ich hatte nur die Vision einer einfachen

Dorfschule gehabt. Jetzt aber sollte ein riesiges Schulzentrum entstehen, weit größer, als mir lieb war. Das Dorf hatte uns dazu eine große Fläche kostenlos zu Verfügung gestellt, wo sie sogar Bäume fällen wollten, um Platz zu schaffen. Ich verspürte zunehmend ein Zögern in mir, und auch mein Bruder warnte mich, die Dinge in einer Größenordnung anzupacken, die ich nicht überblicken konnte.

Schweren Herzens legte ich die Pläne auf Eis. Immer klarer zeichnete sich stattdessen für mich ab, dass ich für ein Jahr nach Deutschland gehen sollte. Ein halbes Jahr würde die Jüngerschaftsschule dauern und ein halbes Jahr sollte ich bei der Mission helfen.

»Komm als Missionarin nach Deutschland!«, ermutigte mich Thomas noch einmal. Als ich diese Worte meiner Familie ausrichtete, brachen alle in schallendes Gelächter aus. »Als Missionarin nach Deutschland?« Sie trauten ihren Ohren kaum. »Die sind doch dort schon alle evangelisiert! Die senden Missionare zu uns. Was willst du dort?« Für meine Verwandten war eine Missionarin zudem ein heiliger, tadelloser Mensch. Jedenfalls entsprach ich mit meiner impulsiven Art, den depressiven Stimmungen und der angegriffenen Gesundheit ganz und gar nicht diesem Ideal. Auch ihnen war bewusst, dass ich vom Schmerz des Vergangenen noch nicht völlig geheilt war und mein Glaube erst wieder Stück für Stück im Aufbau war. Sie rieten mir, meinen Deutschlandaufenthalt um fünf Jahre zu verschieben, wohl in der Hoffnung, dass ich es dann lassen würde.

Doch Thomas gab nicht auf und bestärkte mich weiter, gerade im Blick auf den vierjährigen Jonny, den Sprung zu wagen. »Wenn du erst in fünf Jahren kommst, wird es für ihn wegen der Sprache schwer in der Schule«, gab er zu Bedenken. Er hatte recht.

Es kam der Tag der Entscheidung. Nachdem ich einige Wochen darüber nachgedacht hatte, war der Entschluss getroffen: Ich würde tatsächlich meine Heimat verlassen und nach Deutschland gehen, um dort die Jüngerschaftsschule zu besuchen. Wer hätte das gedacht, dass ich eines Tages mal nach Deutschland gehen würde? Es war nahezu unfassbar für mich. Und auch für meine Familie.

Einen Tag bevor ich abflog, hatten wir ein großes Familientreffen. Wir kamen zusammen und meine Familie machte eine Aussendungsfeier mit Gebet für mich. Alle schienen sehr besorgt zu sein. Ich hatte bereits einige länderübergreifende Umzüge hinter mir und war nun mit meinem Sohn auf dem Weg in eine völlig neue Kultur und ein völlig neues Land: Deutschland.

Am Tag der Abreise brachten einige meiner Familienmitglieder und meine Mutter mich zum Flughafen, um sich von mir zu verabschieden. Der Abschiedsschmerz war groß. Sie schluchzten und weinten. Auch ich war innerlich zerrissen. Jetzt war der Zeitpunkt gekommen, wo ich mich von denen verabschieden musste, die ich doch so sehr liebte, und ich wusste nicht, wann und ob ich sie jemals wiedersehen würde.

Meine Mutter war traurig, aber das hielt sie nicht davon ab, mich zu ermutigen: »Du verlässt hier zwar deine biologische Familie, aber vertraue Gott, dass er dir eine neue geistliche Familie geben wird. Behandle die Menschen, mit denen du arbeitest und zusammenlebst, immer wie deine eigene Familie.«

So stieg ich mit meinem Sohn ins Flugzeug und machte mich auf den Weg in das Abenteuer.

13

ALS MISSIONARIN IN DEUTSCHLAND …

Hurlach, Bayern 1999

Es ist Valentinstag. Aber davon ahne ich nichts, als ich an diesem 14. Februar über den Wolken schwebe. Das Wort ist mir ebenso unbekannt wie die Welt, in die ich fliege. Gegen Spätnachmittag deutscher Zeit fährt das Flugzeug über München seine Räder aus.

Mit klopfendem Herzen fasse ich meinen Sohn an der Hand und betrete die Gangway. Kurz darauf entdecke ich Thomas. Er steht mit einem großen Blumenstrauß in der Wartehalle und lächelt mich verlegen an. »Herzlich willkommen in Deutschland!«

Ich bin überwältigt von diesem Empfang. Ich atme den süßlichen Duft ein und entdecke einen Marienkäfer aus Holz zwischen den Blüten im Strauß.

Noch heute klebt der Käfer in meiner Bibel und erinnert mich an jenen großartigen Moment, als ich zum ersten Mal meine Füße auf deutschen Boden gesetzt hatte.

Der warmherzige Empfang setzt sich im Schloss Hurlach fort, dem Zentrum von Jugend mit einer Mission in Bayern. Ich bestaune das riesige Schloss. Noch nie hatte ich so etwas zuvor gesehen. »Alle warten und freuen sich auf dich!«, hatte mir Thomas angekündigt. Und genauso fühlt es sich an. Fasziniert bewege ich mich in der internationalen Schar von Studenten und Missionsmitarbeitern, die mich und mein Kind freundlich und mit aufrichtigem Interesse begrüßen.

Mein kontaktfreudiger Sohn, der fließend Englisch spricht, ist der kleine Star und genießt es, die Aufmerksamkeit von so vielen liebenswürdigen Menschen auf sich zu ziehen. Mein verstorbener Mann und ich hatten mit Jonny von klein auf Englisch gesprochen, da es uns wie anderen asiatischen Eltern wichtig gewesen war, dass er diese Sprache beherrschte. Dies kommt uns nun zugute. Aus Rücksicht auf Jonny bringen sie mich nicht im Schloss in einem Mehrbettzimmer mit anderen Studenten unter, sondern wir haben einen Platz bei einer Familie mit Kindern, die ich bereits von einem Einsatz in Nepal kenne. Dort fühlen wir uns beide gut aufgehoben.

Unglaublich. Jetzt bin ich tatsächlich in Deutschland. Ich kann es noch gar nicht richtig fassen und auch Jonny ist noch ganz aus dem Häuschen. Es wird wohl noch einige Zeit dauern, bis ich mich daran gewöhnt habe, hier zu sein. Ich nehme einfach einen Tag nach dem anderen und schaue voll Freude und Dankbarkeit in die Zukunft. Es beginnt ein neuer Lebensabschnitt und ich bin gespannt, was Gott alles vorbereitet hat.

Gleich am nächsten Tag nach meiner Ankunft begann die Jüngerschaftsschule. Jonny war am Anfang noch bei mir dabei. Doch nach ein paar Wochen durfte er in den Kindergarten. Thomas saß ebenfalls unter den Teilnehmern in diesem Basiskurs, da der Besuch einer DTS für neue Mitarbeiter Pflicht war. Er arbeitete noch nicht lange bei Jugend mit einer Mission. Ursprünglich hat er Computerprogrammierer gelernt und in dem Beruf gearbeitet. Dann entschied er sich, in den vollzeitlichen Dienst zu gehen, und arbeitete für eine andere Missionsgesellschaft, die sich hauptsächlich in Osteuropa engagiert. Vor seinem Missionsdienst absolvierte er eine dreijährige Bibelschulausbildung.

Umso mehr staunte ich, wie eifrig er während der Lehrvorträge auf seinem Computer hämmerte, während ich versuchte, das Gesagte mit Stift und Papier festzuhalten. Alles, was ich hörte, war neu für mich. Fasziniert lauschte ich den Sprechern aus aller Welt, die jede Woche wechselten und ein neues Thema ins Visier nahmen, wie Identität, innere Heilung, Lobpreis und Anbetung, effektives Bibellesen, das Vaterherz Gottes, Gottes Stimme hören, Fürbitte, Mission und Evangelisation.

Das Gehörte berührte mich sehr. Dennoch spürte ich, dass ich innerlich noch nicht ganz heil geworden war. Die Zeit der intensiven Trauer und Sorge war zwar vorbei, aber mich bedrückte die Frage, in welche Richtung mein Leben weitergehen sollte. Heiraten allein erschien mir nicht der Sinn des Lebens zu sein. Auch die Aussicht, in einem Geschäft viel Geld zu verdienen, reizte mich nicht. Dagegen bewegte es mich, hier Menschen zu treffen, die begeistert als Missionare im Einsatz waren. Doch auch über solch einen Weg hatte ich keine Klarheit.

Hinzu kamen die Todesängste, die mich in einsamen Stunden immer noch quälten. Bei allem, was ich tat, fragte ich mich: »Was ist, wenn ich dabei umkomme und sterbe? Selbst wenn ich nur draußen spazieren ging, was wäre mit Jonny, wenn etwas auf mich fällt und mich erschlägt?«

Ich beschloss, mir Hilfe zu holen, und vertraute mich den Leitern meiner Jüngerschaftsschule an. Ich gestand ihnen meine Angstzustände und sprach mit ihnen darüber, dass ich nicht wusste, wie es nach dem Jahr in Deutschland weitergehen sollte. Sie meinten, es wäre gut, wenn wir uns in einem Gespräch Zeit nehmen würden, nach den Ursachen zu fragen und um Heilung zu beten.

In dieser Woche stand das Thema »Geistliche Kampfführung« auf dem Stundenplan und der Referent aus der Schweiz, Markus Egli, war bereit, mit dabei zu sein. Außerdem kam Thomas mit dazu, um uns im Gebet zu unterstützen. Markus Egli fragte mich sehr genau nach den Hintergründen der Ängste und hörte sich mit den anderen meine Lebensgeschichte an. Das anschließende Gebet um Heilung und Befreiung von Furcht habe ich als dramatisch in Erinnerung. Der Geist Gottes berührte meine tiefsten Emotionen. Am Ende gebot Markus der Todesfurcht, mich im Namen Jesu zu verlassen. »Ab heute bist du frei davon!«, sagte er zu mir.

Das war im ersten Moment schwer für mich zu glauben. »Was mache ich, wenn die Todesangst zurückkommt?«, fragte ich.

»Verbinde dich schnell mit dem Heiligen Geist, bevor die Angst von dir Besitz ergreift. Sag einfach laut: Heiliger Geist, ich glaube dieser Furcht nicht. Das ist nicht von dir!«

Diese einfache Anweisung setzte ich um. Es half mir sehr, denn vor allem in der Dunkelheit versuchten die Ängste zurückzukommen. Am Ende der Gebetszeit ermutigte mich Markus mit einem prophetischen Wort, in dem er Gottes gute Pläne für meine Zukunft aussprach. »Mach dir keine Sorgen, selbst wenn du durch ein dunkles Tal gehst. Gott verspricht, bei dir zu sein, auch in diesem neuen, unbekannten Land.« Die Sätze erinnerten mich an Psalm 23 und dieses Gebet hat wirklich etwas in mir verändert. Die Angst wich und Friede kehrte in mein Herz ein.

Die deutsche Kultur war so anders als alle Kulturen, die ich bisher erlebt hatte. Einmal ging ich in Freiburg am Fluss entlang in der Innenstadt und genoss es, Menschenmassen zu sehen. In meiner Heimat war ich ständig umgeben von Menschen und es war laut und trubelig. In Hurlach hingegen waren mehr Kühe als Menschen und daran musste ich mich erst einmal gewöhnen.

Dann kam Ostern und ich erlebte das erste Mal einen Ostersonntag in Deutschland. Ich kannte Ostern als Fest nicht, war aber begeistert davon, dass hier im ganzen Land die Auferstehung Jesu gefeiert wurde. Nach dem Gottesdienst ging es zur Familie von Thomas. Er nahm mich und Jonny mit zu seiner Schwester und ihrer Familie. Am Anfang war ich sehr aufgeregt. Was würden sie über mich denken? Was ist, wenn wir uns nicht richtig verstehen?

Doch die Aufregung schwand, als die Schwester mich breit angrinste und wir direkt ins Gespräch kamen. Auch Jonny fühlte sich pudelwohl, denn die Kinder waren in einem ähnlichen Alter wie er und so war er damit beschäftigt, mit ihnen zu spielen.

Die Zeit raste davon und am Ende dieser intensiven drei Monate Jüngerschaftsschule kam der Moment, wo wir im Rahmen eines Gottesdienstes von den Mitstudenten Abschied nehmen mussten, um auf die geplanten Einsätze zu gehen. Da nach Abschluss der DTS-Studienphase noch nicht jeder Student die Kosten für die anstehende Reise gedeckt hatte, sollte jeder während der Opferzeit vor Gott prüfen, wie viel Geld er noch benötigen würde und wie viel er spenden sollte. Ich hatte damals noch 100 Mark übrig und fühlte mich innerlich gerufen, diese einer Mitstudentin für den Missionseinsatz zu geben. Die Kosten für meine DTS waren durch ein Stipendium sowie von Thomas und meiner Familie bezahlt worden.

Kaum hatte ich mein Geld verschenkt, staunte ich nicht schlecht, als plötzlich ein englisches Leiterehepaar auf mich zukam und sagte: »Gott hat uns aufs Herz gelegt, dir dies zu geben.« Es waren 200 Mark.

»Ich brauche das nicht«, lehnte ich ab. Es war mir peinlich. »Gebt es lieber jemand, der es nötiger braucht als ich.«

Doch sie schüttelten den Kopf. »Gott hat es uns gezeigt, darum sollst du das Geld haben.«

Es war meine erste Lektion, die ich zum Thema »Versorgung durch Gott« lernte, schließlich hatte ich in Deutschland kein regelmäßiges Einkommen zu Verfügung. Ich ahnte zu diesem Zeitpunkt noch nicht, dass sich dieses Thema zu einem der härtesten Bewährungsproben meines Glaubenslebens entwickeln würde. Gott lehrte mich in vielen kleinen und großen Herausforderungen, ihm zu vertrauen, dass er für meinen Lebensunterhalt sorgen würde.

Als Erstes stellte sich mir zum Ende der Jüngerschaftsschule die Frage, wo ich mit Jonny wohnen sollte. Wir beteten um eine kleine Wohnung, doch keine Tür schien sich zu öffnen. Da erzählte uns eine Mitarbeiterfamilie, dass sie aus ihrem Haus in der Nähe des Schlosses ausziehen würden. Ein ganzes Haus? Ich lehnte sofort ab. »Das ist nichts für mich, ich brauche nur eine kleine Wohnung.«

Aber Thomas dachte größer: »Lass uns offen sein und beten, dass, wenn es Gottes Plan ist, die Vermieter dich nehmen und nicht mit der Miete hochgehen.«

Das Ganze erschien mir recht unwahrscheinlich. Warum sollten die Hausbesitzer aus allen Bewerbern ausgerechnet eine alleinerziehende Asiatin ohne finanzielle Mittel auswählen – und dazu noch auf eine Mieterhöhung verzichten?

Nur Thomas zuliebe ging ich mit zum vereinbarten Gespräch. Ich hatte so wenig Glauben, dass ich nicht einmal dafür betete, das Haus zu bekommen.

Wie erwartet, fragten sie mich als Erstes: »Woher kommen Sie?«

»Aus Nepal«, sagte ich.

»Oh, aus Nepal!«, riefen sie begeistert. »Wir waren schon in Nepal und lieben Ihr Land. Die Menschen sind dort wundervoll und so gastfreundlich! Sicher fliegen wir wieder hin.«

Am Ende des überaus freundlichen Gesprächs waren wir die neuen Mieter des Hauses! Ich war glücklich. Um das Haus gab es einen großen Garten mit einem Sandkasten für Jonny. Die Miete übernahm Thomas. Überhaupt musste ich fortan jeden Cent von Thomas erbitten. Ich hatte schlicht kein Geld, was mich sehr belastete. Bei JMEM muss jeder Mitarbeiter selbst einen Kreis von Spendern aufbauen, der ihn finanziell unterstützt – und das fehlte mir. Dennoch war mit der Mission vereinbart, dass ich nach der DTS weitere sechs Monate mitarbeitete. Mein Rückflugticket war zwölf Monate gültig und zu meiner Familie in Nepal hatte ich gesagt: Nach einem Jahr entscheide ich mich, ob ich wieder heimkomme oder in Deutschland bleibe.

Doch Gott hatte da schon seine Pläne mit mir und ich sollte sie auch bald erfahren.

14

… MIT EINEM DIENST IN ASIEN

Hurlach, Bayern 2000–2001

Gemeinsam mit Thomas arbeitete ich in einem Dienstzweig mit, der sich anfangs »Büro für Weltmission« nannte und später in »Mission live« umbenannte. Das kleine Team hatte die Aufgabe, nicht nur jährlich eine große Missionskonferenz auf die Beine zu stellen, sondern darüber hinaus viele kleinere Veranstaltungen in christlichen Gemeinden in ganz Deutschland zu organisieren – genannt *Trumpet*-Touren. Ziel war es, durch Vorträge und Berichte den Blick für das Anliegen der Weltmission zu schärfen und Christen zur Teilnahme an missionarischen Kurzzeiteinsätzen sowie zu längerer Missionsarbeit zu mobilisieren. Auf diese Weise lernte ich in den kommenden zwei Jahren 22 Orte in ganz Deutschland kennen. Jonny war zumeist fröhlich an meiner Seite dabei und genoss den Trubel.

Zu jener Zeit war es noch eine Attraktion, wenn ein bekannter Sprecher auf dem Programm stand – man konnte sich noch nicht per Knopfdruck im Internet die berühmten Prediger ins Wohnzimmer holen. Ein oft engagierter und gern gesehener Redner war Loren Cunningham, der Gründer von Jugend mit einer Mission, der zu dieser Zeit in Lausanne in der Schweiz lebte. Er pflegte sich vor der Veranstaltung an den Büchertisch zu setzen, wenn er etwas Zeit hatte.

Jonny und ich liefen durch die Veranstaltungshalle und standen auf einmal vor einem Büchertisch. Ich sah mich auf dem Tisch um, schaute dann den Mann hinter dem Tisch an und unsere Blicke trafen sich.

Ich stand dort mit Jonny an meiner Hand, als er mich ansprach: »Woher kommst du?« Noch wusste er nicht, dass ich zum Team gehörte.

»Aus Nepal«, erzählte ich ihm. Politisch gesehen flüchteten zu dieser Zeit immer noch Hunderttausende von Bhutan nach Nepal und strandeten in Flüchtlingslagern. Sie wurden, so wie einst meine Familie, von der bhutanischen Regierung im Zuge der Assimilierungspolitik gewaltsam aus dem Land gedrängt. Angesichts dieser Not bewegte Loren Cunningham die Frage, wie man missionarische Teams zu diesen Flüchtlingen senden könnte, um ihnen zu helfen.

»Komm mit mir vor ans Rednerpult und berichte von Nepal«, forderte er mich auf. Unsicher wich ich zurück. »Ich weiß nicht, was ich da sagen soll.« Schließlich war ich noch nicht lange in Deutschland unterwegs.

»Das ist kein Problem«, sagte er. »Ich stelle dir einfach ein paar Fragen. Hauptsache, die Leute sehen dich. Das ist schon ein wichtiger Bezugspunkt für die Zuhörer. Mach dir keine Sorgen über das, was du sagen wirst.«

Also trat ich mit ihm ans Rednerpult. Er fragte mich nach meinem Namen und ein paar andere Dinge. Ich antwortete brav. Plötzlich vergaß ich das Pult und die Menge und fing einfach an zu sprechen und hörte nicht mehr auf... Es war ein himmlisches Momentum. Es war der Zeitpunkt Gottes für mich, mit dem Anliegen für mein Land ins Rampenlicht zu treten.

Nachdem ich nach meiner leidenschaftlichen Rede von der Bühne ging und mich hinsetzte, war ich überwältigt von Gottes Führung. Loren Cunningham hatte mich persönlich eingeladen, für mein Land in Deutschland einzutreten. Das war für mich ein göttliches Zeichen und eine Bestätigung Gottes, dass ich berufen bin, mit Menschen über Mission zu sprechen und andere dafür zu begeistern.

Bei dieser Gelegenheit entstand ein Foto von mir und Loren Cunningham auf der Bühne. Viele Jahre später spielte dieses Foto eine bedeutende Rolle für mich.

Ich befand mich in Nepal und erfuhr durch einen meiner Kontaktleute, dass man aufgrund von Finanzproblemen kurz davorstand, ein Kinderheim zu schließen. Die Mitarbeiter waren dagegen noch vorhanden. Personal für ein christliches Heim zu bekommen, ist in Nepal oft sehr schwierig, darum sagte ich: »Wartet mit der Schließung! Ich versuche die Finanzen aufzutreiben.« Wir unterstützen bereits zwei andere Kinderprojekte in Nepal und Indien und hatten nicht noch Finanzen für dieses Projekt übrig. Das würde bedeuten, dass ich jemanden finden musste, der bereit war, jeden Monat 1500 bis 1800 Euro für die Kinder aufzubringen. Wie sollte ich so eine Person finden?

Drei Tage später wuchs mir das Ganze über den Kopf, und ich fragte mich, warum in aller Welt ich meine Hilfe zugesagt hatte! Inmitten der Sorgen bekam ich eine Nachricht von einer JMEM-Mitarbeiterin in Herrnhut, die überraschend das alte Bild von mir und Loren Cunningham am Rednerpult auf dem Dachboden vom JMEM-Zentrum entdeckt hatte und fragte, ob ich es haben wollte. Natürlich wollte ich es! Sie schickte es mir. Dieses Foto erinnerte mich an Gottes Beauftragung und daran, wie er mir damals Raum gemacht hatte, für Nepal aufzustehen. Es ermutigte mich, auch in diesem Fall nicht aufzugeben. So dauerte es nicht lange, bis ich einen Mann fand, der einst über uns an einem Kurzzeiteinsatz in Nepal teilgenommen hatte und inzwischen seinen eigenen Dienst aufgebaut hatte, der bereit war, die regelmäßige Versorgung des Kinderheimes sicherzustellen.

Auf den Trumpet-Touren sprach Loren Cunningham oft sehr eindrücklich über den Missionsbefehl Jesu und erzählte viele spannende Missionsgeschichten.

Er sagte, dass die Gläubigen aufgerufen seien, zu denen zu gehen, die Christus nicht als ihren Retter kennen. In vielen unterentwickelten Ländern leben die Menschen unter der Macht der Finsternis in ihren Religionen. Sie haben aufgrund der Armut auch massive praktische und physische Bedürfnisse. Die Kinder leiden unter mangelnder Ernährung, sie haben kaum Wissen über Hygiene und ihnen fehlt Schulbildung.

Loren erzählte weiter: »Und genau dort sendet Gott uns hin. In Markus 16 ab Vers 15 lesen wir:

> ›Geht in die ganze Welt und verkündet allen Menschen die gute Botschaft. Wer glaubt und getauft wird, wird gerettet werden. Wer aber nicht glaubt, wird verurteilt werden. Und diese Zeichen werden die begleiten, die glauben: Sie werden in meinem Namen Dämonen austreiben und sie werden neue Sprachen sprechen. Sie werden Schlangen anfassen oder etwas Tödliches trinken können, und es wird ihnen nicht schaden. Sie werden Kranken die Hände auflegen und sie heilen.‹

Menschen in der Bibel wie Paulus oder auch in der Neuzeit wie Hudson Taylor oder Don Richardson haben Geschichte geschrieben und waren Missionare, die ihre eigenen Länder verlassen haben und von Gott mächtig gebraucht wurden. Sie erlebten Zeichen und Wunder und durch sie fanden viele Menschen zu Jesus …«

Eindrücklich hielt Loren den Zuhörern vor Augen, dass die Welt ohne das Wissen um das Rettungsangebot Jesu zugrunde geht.

Oft zitierte er die Bibelstelle aus Römer 10,14-15:

> Doch wie können sie ihn anrufen, wenn sie nicht an ihn glauben? Und wie können sie an ihn glauben, wenn sie nie von ihm gehört haben? Und wie können sie von ihm hören, wenn niemand ihnen die Botschaft verkündet? Und wie soll jemand hingehen und ihnen die Botschaft Gottes sagen, wenn er nicht dazu beauftragt wurde?

Immer wenn er davon sprach, musste ich daran denken, wie meine Familie zum Glauben gekommen war, nur weil zwei Männer aus Südindien den Mut gehabt hatten, zu ihnen zu gehen und die Wahrheit der Bibel zu verkündigen. Wir haben durch sie Jesus als unseren Retter angenommen und er hat unser Leben verändert. Und dabei waren sie nicht nur mit offenen Armen empfangen worden – auch Ablehnung und Schläge hatten die mutigen Christen einstecken müssen.

Das berührte mich. Was Loren erzählte, fachte das Feuer in mir an. Ein Feuer, mein Leben Jesus zu widmen und die Nationen mit dem Evangelium zu erreichen. Ich wollte das, was ich selbst erlebt hatte, weitergeben und nicht schweigen von dem, was Jesus in meinem Leben getan hatte. Mir wurde klar: Ich will eine Erkundungsreise nach Asien machen und sehen, was Jesus vorbereitet hat. Dabei war Hurlach für mich wie ein Nest, in dem ich immer wieder landen und Heimat und Versorgung finden konnte.

Als mein Jahr in Deutschland um war, ging ich mit Jonny für zwei Monate nach Nepal zurück. Ich besuchte jedoch nicht nur meine Familie, sondern reiste mit Thomas und einem anderen Mitarbeiter von unserem Dienst zu einer Erkundungstour in eine Grenzstadt zwischen Bhutan und Indien, von der ich wusste, dass hier viele Flüchtlinge ankamen. Der indische Ort Jaigaon ist am Grenzfluss Torsa so dicht mit dem bhutanischen Ort Phuentsholing verwachsen, dass es den vertriebenen Nepalesen hier möglich war, ohne Grenzformalitäten einzureisen.

Die Lebensbedingungen in dieser Kleinstadt mit damals 40 000 Einwohnern waren sehr primitiv, es gab kein Krankenhaus und nicht genug Schulen für die zahlreichen Einwanderer. Lediglich der Wald um die Stadt bot den Flüchtlingen die Möglichkeit, sich einfache Hütten zu bauen. Sie standen buchstäblich vor dem Nichts, hatten kein Geld, keine Existenz, keine Ausweispapiere mehr. Auch andere Volksgruppen lebten im nahen Waldgebiet auf der anderen Seite des Flusses, die noch nie von Jesus gehört hatten.

Auf indischer Seite herrschte die Freiheit, das Evangelium zu verkündigen. Es gab mehrere kleine Gemeinden, die gerade erst gegründet worden waren. Ich spürte, wie der Herr uns sagte, dass wir dort einen Dienst beginnen sollten. Also beschlossen wir, hier eine Missionsarbeit in Verbindung mit praktischer Hilfeleistung zu beginnen.

Ich freute mich über diesen Entschluss, denn für meine Familie war Jaigaon eine ganz besondere Stadt: Von hier aus waren damals die Evangelisten zu uns nach Bhutan gekommen, um uns von Jesus zu erzählen. Diese Stadt war der Standort unserer ursprünglichen Muttergemeinde.

Nun trafen wir in den neu gegründeten Gemeinden auf einige sehr arme Gläubige. Es dauerte nicht lange, bis einer der Verantwortlichen auf mich zukam und mich anflehte, etwas für die mittellosen Familien zu tun.

Das Leid der Menschen erschütterte mich zutiefst, und ich fing an zu beten und zu grübeln, wo ich anpacken sollte. Wieder fühlte ich mich innerlich zu den Kindern gezogen – bei ihnen wollte ich anfangen. Ihnen wollte ich heraushelfen!

Das Ergebnis war im Jahr 2000 der Start eines offiziellen Patenschaftsprogramms, in das ich in Jaigaon die ersten sieben Kinder aufnahm. Bevor ich die Kinder in das Hilfsprogramm holte, besuchte ich sie und ihre zumeist alleinerziehenden Mütter in den ärmlichen Hütten und überprüfte ihre Lebensumstände. Wenn ich sah, dass sie wirklich hilfsbedürftig waren, erhielten sie Schulplatz und Schulbedarf und auch Uniform, Hefte und Bücher – was für arme Familien unerschwinglich gewesen wäre.

Bis heute betreue und organisiere ich dieses Patenschaftsprogramm und vielen Kindern hat es inzwischen eine Ausbildung ermöglicht und den Familien aus dem Teufelskreis der Armut geholfen. Jedes der Kinder, für das ich Paten in Deutschland suche, lerne ich persönlich kennen. Ich besuche sie zu Hause, stelle mich ihren Müttern oder Eltern vor, spreche mit ihnen und mache Fotos von ihren Lebensumständen. Die Paten bekommen jedes Jahr neben dem allgemeinen Newsletter auch Fotos und einen Bericht über die Entwicklung des Kindes, das sie unterstützen.

Ein Gläubiger aus unserer Gemeinde in Bhutan hatte in der Grenzstadt Jaigaon bereits einige Jahre zuvor eine Schule gegründet und ich bat ihn, die von uns unterstützten Kinder bei sich aufzunehmen. Er baute eine Schule auf, die Kindern aller Religionen offensteht und in der es freiwillige evangelistische Zusatzangebote gibt für alle, die mehr über Jesus erfahren wollen.

Es waren etliche Wunder Gottes nötig, um diese Schule ins Leben zu rufen. Inzwischen besuchen rund 700 Schüler diese Schule, die in der ganzen Region sehr bekannt und beliebt ist, da der Schulleiter viel Wert auf die Entwicklung eines hohen Standards in der Unterrichtsqualität sowie der Lehrerschaft legt.

Im Jahr 2000 konnten wir das Patenschaftsprogramm auch

auf Kinder in Kathmandu ausdehnen, da ein Ehepaar aus Bhutan dort eine private christliche Schule gegründet hatte. Wir übernahmen für 22 Kinder die Patenschaft mithilfe meiner Familie. Später schickten wir auch Kurzzeitteams dorthin, um die Schule zu unterstützen.

Außerdem lief auch die Unterstützung für die Kinder aus den Dörfern in der Nähe von Pokhara weiter, wo wir vor meiner Zeit in Deutschland eine kleine Dorfschule für 25 Schüler ins Leben gerufen hatten. All diese Türen öffneten sich innerhalb kürzester Zeit.

Inzwischen war es keine Frage mehr für mich, wo mein Platz war: Ich wollte nach Deutschland zurückkehren und weiter mit JMEM arbeiten. Ich spürte, dass ich seit der Jüngerschaftsschule die Dinge anders anpackte. Mein Wissen hatte sich erweitert, mein Glaube vertieft und meine Vision für Nepal war geschärft worden. Gott hatte alles Schritt für Schritt vorbereitet und ich lernte, Gott zu vertrauen.

Meine Verwandten ließen mich dieses Mal frohen Herzens ziehen, als ich ihnen erzählte, dass es mir und Jonny gut ging, ich in einem Haus lebte und von wunderbaren Menschen umgeben war.

Kaum waren wir in Deutschland zurück, ging der Nepal-Dienst bei JMEM mit noch größerer Dynamik voran. Zwei Dienstzweige kristallisierten sich heraus: zum einen der Barmherzigkeitsdienst, zu dem unser Patenschaftsprogramm gehörte, zum anderen das Gemeindegründungsprojekt unter der »adoptierten« Volksgruppe in Nepal.

So boten wir Kurzzeiteinsätze für Christen aus den unterschiedlichsten Gemeinden an. DTS-Studenten konnten für zwei Monate in Nepal einen Einsatz machen. Da Nepal bekannt ist für seine Berge und viele Menschen gerne in unserem Land wandern, erweiterten wir unser Angebot und führten auch evangelistische Gebetstrekkingtouren durch.

Auch Thomas leitete mehrmals solche Teams. Ein besonders wanderfreudiges marschierte mit ihm 2019 bis an den Fuß des Mount Everest ins Base-Camp in Höhe von 5464 Metern, wo auch das erste dieser Teams knapp 20 Jahre vorher hingewandert war.

In Deutschland organisierte unser Team weiter die Trumpet-Touren und wir waren ständig auf Achse. In großen Mengen gaben wir Flyer weiter, in denen alle Informationen über einen Kurzzeiteinsatz in Nepal standen. Unsere bekannten und internationalen Sprecher ermutigten die Zuhörer teilzunehmen. Ich stand als Ansprechpartnerin am Infotisch, wo gleich die Möglichkeit zur Anmeldung bestand. Vier Termine im Jahr boten wir an. Als ich noch begann, nepalischen Tee zu kochen und auszuschenken, riss der Strom der Interessenten nicht mehr ab. Es herrschte eine unglaubliche Nachfrage – einige entschieden sich sogar für einen längeren Dienst in der Weltmission.

In meinem Haus in Hurlach, das mir ursprünglich zu groß erschienen war, führten wir nun die Vorbereitungswochenenden der Kurzzeitteams durch. Wir fertigten ein Handbuch an mit den wichtigsten Informationen sowie den wichtigsten Wörtern auf Nepali. Außerdem kochte ich Reis und ließ die Teilnehmer üben, mit den Fingern zu essen. Wir nannten das ganze *Culture Orientation Class* – kulturelle Orientierungsklasse. Von Zeit zu Zeit schickte mir die Schlossverwaltung überzählige Gäste zum Übernachten, die mich mit einer freiwilligen Kostenbeteiligung finanziell unterstützten.

Auf diese Weise kam 2001 auch die junge Amerikanerin Vera zu mir, die indische Wurzeln hatte und als Missionarin nach einem Ukraineaufenthalt auf der Suche nach einer neuen Aufgabe war.

Ich hatte gerade umfassend Nachforschungen über den Menschenhandel in Nepal betrieben und die Regionen erfasst, aus denen am meisten junge Menschen zur Ausbeutung als billige Arbeitskräfte und in Bordelle verschleppt wurden. Durch unsere Gespräche legte Gott dieser Frau aufs Herz, im indischen Mumbai ein Haus für gefährdete Kinder *(Children at Risk)* zu eröffnen. Unser Dienstbereich unterstützte sie dabei entscheidend, und Thomas und ich sind seit langer Zeit ihre Ansprechpartner.

»Warum machst du nicht etwas, was Kindern in Asien helfen würde?«, schlug ich Vera vor. Ich erzählte ihr von meinen Erfahrungen in Mumbai und Delhi. »Du kennst diese Kultur. Das wäre auf jeden Fall von Vorteil, um in Indien ein Hilfsprojekt aufzubauen.«

Die junge Frau bewegte meine Worte im Gebet, reiste mit unserem Team zu einer Erkundungstour nach Mumbai und fand schließlich ein inneres Ja dazu. Also ließ sie der Entscheidung Taten folgen, ging dorthin, lernte Hindi und eröffnete mitten im Rotlichtbezirk eine Tagesbetreuungsstätte für gefährdete Kinder.

Ich selbst versuchte ihr von Deutschland aus als Teil eines Unterstützerteams den Rücken für diesen schwierigen Dienst freizuhalten. Wir suchten Sponsoren, sammelten Spenden, warben für das Projekt und hielten Kontakt zu ihr.

Nach einiger Zeit beschloss diese tapfere Frau, das Tageszentrum in ein Kinderheim umzuwandeln. Sie zog mit ihren Schützlingen weg aus dem Rotlichtviertel. Die Arbeit mit den traumatisierten Kindern und Jugendlichen gestaltete sich als durchaus herausfordernd.

Im Rahmen einer Konferenz in Indien, zu deren Organisatoren Vera gehörte und bei der sich Hilfsorganisationen zum Thema »Menschenhandel« austauschten, war es mir möglich, ihr Projekt vor Ort zu besuchen. Das Kinderheim war eine Oase der Hoffnung. Zu diesem Zeitpunkt waren in dem Mädchenheim zehn inzwischen junge Frauen, mit denen ich mich austauschte. Sie erzählten mir ihre Geschichten und ich war bewegt.

Ich fuhr weiter zum Rotlichtviertel und dort traf ich auf schockierende Zustände. Ich kam in Kontakt mit einem Mann, der sich ebenfalls für verschleppte Mädchen einsetzte und dazu einen »Sozialen Treffpunkt« mitten in einem Bordell betrieb. Es wäre gefährlich gewesen, diesen offiziell als »Gemeinde« zu bezeichnen. Dort führte er mich durch die Gänge der oberen Stockwerke, wo ich auf zwei Frauen aus Nepal traf.

Erfreut baten sie mich in ihr Zimmer, das zugleich ihr Arbeitsort war. Dicht an dicht standen hier Betten aneinander, nur durch Vorhänge getrennt. Es war so schmutzig, dass ich mich kaum traute, mich hinzusetzen. »Wie seid ihr hier gelandet?«, fragte ich.

»Sie haben mir etwas zu essen gegeben und versprachen mir in Indien eine Stelle als Haushaltshilfe, wenn ich mitkomme. Doch ich bin in einem Bordell gelandet«, erzählte mir eine der Frauen die Geschichte ihrer Verschleppung. Wie viele andere Mädchen auch kam sie aus einer Gegend in Nepal, in der die Armut Kinder dazu zwingt, einen Job anzunehmen, damit die Familie überlebt. Es heißt, dass 40 Prozent der angeworbenen Mädchen am Ende unfreiwillig als Sexsklavinnen ausgebeutet werden.

»Bist du krank?«, fragte ich die andere, die mich fiebrig mit roten Augen anstarrte.

Sie nickte. »HIV … Wir haben nichts, um uns zu schützen.«

»Kannst du zum Arzt?«, fragte ich.

Sie schüttelte den Kopf. »Nur wenn der Boss erlaubt.« Und der würde sie ausbeuten, solange es irgend ginge – und sie dann hinauswerfen.

Nach dieser traurigen Begegnung zeigte mir mein Kontaktmann noch ein Haus, in dem Sexarbeiterinnen Perlenketten produzierten, die auch im Rahmen der Konferenz verkauft worden waren. Eine der älteren Frauen mit verlebten Zügen sprach mich an: »Schau mal auf das Foto dort. Was denkst du, wer das ist?«

Ich musterte die Züge der jungen, schönen Frau auf dem Bild. »Vielleicht deine Tochter oder deine jüngere Schwester?«

Sie schüttelte den Kopf. »Das war ich … Du erkennst mich nicht mehr, nicht wahr? So schön war ich einmal, bevor sie mich hierherbrachten. Und nun bin ich in der Hölle.«

»Kannst du denn nicht ausbrechen?«

»Ich bin schon zu lange hier«, antwortete sie resigniert, »und nach Hause kann ich nie mehr. Die würden mich in Nepal nicht mehr akzeptieren.«

Betroffen sprach ich die Teamchefin dieser Prostituierten an: »Warum machst du das?«

»Ach, ich habe so vieles in Nepal probiert: einen Tee-Shop, ein Modegeschäft. Nichts hat geklappt. Das hier ist das Einzige, das läuft, und das seit vielen Jahren.«

Ich gab ihr Tipps, wie sie mit den Frauen aussteigen könnte, erzählte ihr davon, wie ich Jesus als Retter erlebt hatte, und machte ihr Mut, sich an ihn zu wenden. Dennoch verließ ich den Ort mit dem bedrückenden Gefühl, nicht helfen zu können.

Besonders betroffen machte mich die Begegnung mit einer Prostituierten, die auf dem Regal über ihrem Arbeitsplatz sogar eine Bibel stehen hatte. Die Frau kam aus Indien, einem Bundesstaat namens Bihar.

»Bist du Christin?«, fragte ich sie.

»Ich lese in der Bibel«, war die Antwort.

»Aber was denkst du, was die Bibel zu deinem Gewerbe sagt?«

»Ach, Schwester«, meinte sie, »was sollen Leute wie ich machen? Ich stamme aus armen Verhältnissen, mein Wort hat kein Gewicht. Meine Mutter ist krank, mein Vater auch. Bei uns zu Hause gibt es keinerlei Arbeitsmöglichkeiten.

Mir wurde von einem Mann, der mich hierhergebracht hatte, gesagt, dass ich einen Job als Putzfrau in der Stadt Mumbai bekommen würde.

Als mir ein Job angeboten wurde, habe ich zugesagt. Nun mache ich es halt, auch wenn ich mich schlecht dabei fühle ...« Sie griff nach ihrer Bibel. »Ich habe große Unruhe in mir. Aber wenn ich die Bibel lese, gibt sie mir Frieden.«

Was sollte ich dieser Frau predigen? Diese Menschen schienen mir so verloren in ihrem Sumpf! Da schien kaum Wille oder Energie vorhanden zu sein, sich helfen zu lassen. Es gibt zwar Hilfsorganisationen, die ihnen die Hände reichen, aber der Weg hinaus ist mühsam und schwer ...

Es ist für mich unfassbar, dass Menschen in so einer Hölle leben. Als ich aus diesem Viertel herauskam, fühlte ich mich wie im Himmel. Seitdem ermutige ich jeden jungen Menschen, der in Nepal ehrlich sein Geld verdient – vor allem die Mädchen –: »Du hast es gut! Was du machst, ist himmlisch im Vergleich zu der Hölle, die dich in Indien in den Bordellen erwarten würde.« Ich warne eindringlich davor, sich auf windige Versprechungen einzulassen. »Wenn du deinen Körper verkaufst, bist du gezwungen, alles zu tun, was sie dir befehlen!«

In all dem Trubel und Wunderbaren, das in dieser Zeit entstand, übersah ich, dass sich mir schleichend etwas in den Weg schob, mit dem keiner mehr gerechnet hatte: Ich erlitt einen Kulturschock, der so heftig war, dass alles ins Wanken kam.

15

KULTURSCHOCK UND GOTTES VERSORGUNG IM STURM

Hurlach, Bayern 2000

Ein lautes Klirren zerreißt die beschauliche Stille im Haus. Erschrocken springen wir am Esstisch auf. Was war das? Der Lärm kam aus der Gästetoilette im Erdgeschoss. Thomas und ich stürzen an das Ende des Flurs. Er öffnet die Tür. Vor uns liegen Scherben, das Fenster ist kaputt. Ein großer Stein inmitten der Glassplitter ist die Antwort auf unsere Frage. Offensichtlich hat ein Unbekannter die Scheibe vom Gehweg aus eingeworfen. Wir sehen uns betroffen an. Was wäre passiert, wenn einer von uns auf dem stillen Örtchen hinter der Scheibe gesessen hätte? So viel steht fest: Jemand hier kann uns nicht ausstehen. Die Botschaft der Ablehnung trifft mich mitten ins Herz.

In meinem zweiten Jahr in Deutschland, nachdem der Dienst in Nepal hoffnungsvoll gestartet hatte, traf mich der Kulturschock mit voller Wucht. Wie viele kleine Nadelstiche bohrten sich allerlei Erlebnisse in meine Seele und das Gefühl, mich fremd zu fühlen, nahm langsam, aber sicher Überhand. Als die Zeit der Jüngerschaftsschule zu Ende war, in der wir rundum versorgt gewesen waren, musste ich beginnen, selbst einzukaufen und zu kochen. Da ich kein Auto hatte, war ich immer darauf angewiesen, dass mich jemand aus dem Mitarbeiterteam des Schlosses in den Supermarkt mitnahm. Es war mir unangenehm, dass diese hilfsbereiten und freundlichen Menschen stets auf mich warten mussten, während ich das Gefühl hatte, alles unter Hochdruck zu erledigen, da alles für mich neu war. Ich bemühte mich nach Kräften, schnell einzukaufen, schnell zur Kasse zu gehen, schnell zu bezahlen, schnell einzupacken …, doch ich war zuvor noch nie in einem deutschen Supermarkt gewesen. Die Vielzahl der unbekannten Produkte überwältigte mich. Das meiste hatte ich noch nie im Leben gesehen, sodass es mir schwerfiel, irgendetwas auszuwählen, zumal ich die Aufschriften nicht lesen konnte.

Außerdem hatte ich nur wenig Geld zur Verfügung und musste sehr sparsam sein. Hinzu kam, dass ich nicht alles essen konnte, denn mein Magen reagierte empfindlich. Kurzum, Einkaufen war purer Stress für mich.

Das nächste Problem war, dass ich die deutsche Sprache nicht verstand. Im ersten Jahr war dies kein Problem gewesen, sowohl bei der DTS als auch während der Trumpet-Touren war ich problemlos mit Englisch durchgekommen. Nun saß ich beispielsweise bei einem Elternabend im Kindergarten und verstand kein Wort! Ich hatte Thomas angefleht, mit mir hinzugehen, und wartete ungeduldig, bis er mir am Ende alles ganz genau übersetzen würde. Doch er übersetzte mir nur die Stichpunkte, die er für wichtig hielt, und nicht jedes Detail, so wie ich es mir wünschte. Das brachte mich auf die Palme!

In dieser Zeit koordinierte ich den Dienst in Nepal und Indien. Ich bereitete auch das Outreach-Team in unserem Haus vor. Auch wenn der Dienst damals noch überschaubarer war, war es dennoch insgesamt zu viel für mich. Alles war neu und ich war überfordert. Doch weder ich noch die anderen nahmen das wahr und so wuchs die Unzufriedenheit in mir.

Inmitten aller Betriebsamkeit fehlte mir oft eine Person zum Austausch, geschweige denn, dass jemand Anerkennung und Wertschätzung mir gegenüber ausgedrückt hätte. Alle im Team waren sehr beschäftigt und keiner merkte den Mangel, der sich in mir auftat.

Mehr und mehr vermisste ich meine Heimat, meine Mutter, meine Schwestern, meine ganze große Familie. Nun sah ich mich in Deutschland Menschen gegenüber, die auf die Uhr sahen, wenn sie mit mir redeten, und mich spüren ließen, dass sie etwas anderes vorhatten. Für mich klang es wie die Botschaft: »Entschuldigung, aber ich habe jetzt keine Zeit mehr für dich. Ich muss weiter.« So etwas hätte mich in Nepal keiner spüren lassen. Das wäre der Gipfel der Unhöflichkeit. In Nepal hält man die Welt an, wenn ein Bekannter die Bühne betritt. Viele Kunden meiner Schwestern kamen nur zum Schwatzen in ihre Geschäfte. Das Einkaufen stand nicht im Vordergrund. Sie nutzten dies eifrig, um das Evangelium weiterzugeben. Überhaupt hat man in Nepal das, was man in Europa nicht hat: Zeit! Alles geschieht entspannt, und alles wird in Ruhe getan!

Darum war ich anfangs zutiefst verletzt, wenn mich die Leute einfach so stehen ließen. Ich fühlte mich als Fremde und von den Einheimischen abgelehnt. Es trieb mir Tränen in die Augen.

Einmal suchte ich zum Beispiel in Kaufering einen Schneider, konnte das Geschäft aber nicht finden, und wollte einen alten Mann in einem Vorgarten nach dem Weg fragen. Als dieser sah, dass ich auf ihn zutrat, ruderte er abweisend mit den Armen und schrie: »No, no!« Dann flüchtete er ins Haus und schlug die Tür hinter sich zu.

Sehr schwer trug ich auch daran, als Jonny – inzwischen ein Schulkind – nach Hause kam und meinte: »Die Jungs mögen mich nicht. Die machen sich über mich lustig.« Was sollte ich tun? Jetzt wurde mein Sohn ausgegrenzt und gemobbt wegen seiner Hautfarbe. Wie gemein können Menschen sein? Das kam zu meinem eigenen Frust noch dazu. Wenn hier jemand was tun kann, dann wohl nur Gott. Ich war mit meinem Latein am Ende.

»Lass uns dafür beten«, war meine Antwort. Das taten wir gemeinsam.

Ein paar Wochen später stellten wir fest, dass Gott unser Gebet erhört hatte! Wir waren dankbar dafür, dass Jonny neu Anschluss und Freunde fand. Einer der Orte, wo mein Sohn Freundschaft fand, war der örtliche Fußballverein. Eine Bekannte nahm ihn zu einem Training ihres Sohnes mit. Am Spielfeldrand löcherte Jonny sie mit tausend Fragen, sodass uns die Frau am Ende fragte, ob Jonny nicht selbst Fußball spielen wolle. Das war Versorgung vom Himmel. Er sagte freudig zu und spielte viele Jahre mit Begeisterung Fußball. Dadurch lernte er andere Kinder kennen, mit denen er auch in der Grundschule spielen konnte.

Doch in der Beziehung zwischen Thomas und mir kam es zum Stillstand. Wir waren so beschäftigt und auf unsere Dienste konzentriert, dass keiner von uns über den nächsten Schritt in unserer Beziehung nachdachte oder die Zukunft plante.

Eines Tages hatte ich im Büro, wo auch die anderen des Teams arbeiteten, einen Anruf zu tätigen. Ich telefonierte mit einem Verwandten in Nepal wegen einer Sache, die einen unserer Dienste dort betraf. Irgendwie kam ich ins Reden, vergaß die Zeit und sprach auch über familiäre Dinge. Es tat einfach gut, mal wieder eine vertraute Stimme zu hören, sodass meine Seele aufatmete. Als ich den Hörer auflegte, blickte ich in vorwurfsvolle Mienen. Ich hatte eine halbe Stunde auf Missionskosten mit Nepal telefoniert! Der Vorwurf, der im Raum stand, verletzte mich tief, und ich bat

Thomas zu einem Gespräch nach Dienstschluss zu mir nach Hause zu kommen. Dort knallte es ordentlich zwischen uns.

Er machte mir Vorwürfe, weil ich es mir im Büro herausgenommen hatte, endlos Privates am Telefon zu schwatzen – dabei konnte keiner der Anwesenden Nepali verstehen ... Mir platzte der Kragen. »Okay, was willst du von mir? Alles, was ich hier tue, ist ehrenamtlich«, rief ich. »Ich bekomme nichts dafür! Alle Spenden, die eingehen, sind für die Nepal-Arbeit. In meiner Tasche landet gar nichts. Ich muss dich um jeden Cent bitten!« Letzteres stieß mir besonders sauer auf, da ich ja in Nepal gewohnt gewesen war, selbstständig mit Geld umzugehen. Ich traute mich nicht, Menschen um finanzielle Unterstützung für meinen Lebensunterhalt zu bitten. Thomas schien das nichts auszumachen. Er war es als Missionar gewohnt, von Spenden zu leben. Aber ich fühlte mich elend dabei! All dies schlug ich ihm um die Ohren. Unsere Unterhaltung wurde lauter. Ich steigerte mich hinein, der ganze Frust in mir explodierte und brach wie ein Vulkan aus mir heraus. Thomas zog sich wie immer schweigend aufs Sofa zurück, während ich weinte und mir meinen Schmerz von der Seele schrie.

»Ich gehe«, rief ich. »So kann ich nicht mehr leben.« Ich beschloss zu packen. Da wir beide keinen Hochzeitstermin vereinbart hatten, fühlte ich mich frei, die Beziehung zu beenden. Ich holte meine Koffer hervor, warf alles hinein, fest entschlossen auf der Stelle auszuziehen. Keine Nacht mehr wollte ich in diesem Haus bleiben.

Schließlich suchte ich den Autoschlüssel, um zu Freunden zu fahren und dort zu übernachten. Ich hatte ein altes Auto von der Familie von Thomas bekommen und mein nepalischer Führerschein hatte immer noch Gültigkeit. Doch ich konnte den Schlüssel nirgends finden. Sonst lag er immer am selben Ort ... Er blieb unauffindbar.

Plötzlich klingelte es an der Tür, obwohl es schon nach 20 Uhr war. Ich öffnete. Meine Nichte Gyanu, Devkis Tochter, stand vor der Tür, die zu dieser Zeit in Hurlach war. Sie war Mitarbeiterin in der Jüngerschaftsschule. Ich war erstaunt, denn eigentlich hatte mich meine Nichte abends nicht mehr besuchen wollen, nachdem sie einmal auf dem Rückweg zum Schloss das Gefühl gehabt hatte, von einem Mann verfolgt worden zu sein.

»Irgendetwas hat mich gedrängt, zu dir zu kommen«, erzählte sie. »Mehrmals hörte ich innerlich: ›Geh, und mach dich auf zu Elis Haus.‹« Ihr Blick fiel auf mein Gepäck. »Du verreist? Davon weiß ich ja gar nichts!«

Ich brach in Tränen aus und erzählte ihr alles. Sie war zwar jünger als ich, aber sehr weise und sagte: »Eli, ich verstehe, dass es hier sehr schwer für dich ist, aber was du hier tust, wird einen Unterschied machen! Erinnere dich doch daran, wie die ganze Familie nach Prataps Tod für dich gebetet hat. Du bist nicht zufällig hier in Deutschland. Gott hat einen Plan für dich. Darum triff jetzt keine Entscheidung im Zorn! Schütte stattdessen dein Herz vor Gott aus. Er sieht nicht auf die Uhr, wenn er dir zuhört.«

Wie recht sie hatte! Es berührt mich, dass sie genau im richtigen Moment vor der Türe stand und mich einfach verstand. Der Sturm in meiner Seele legte sich etwas und ich wusste in meinem Innersten, dass es nicht dran war, vor den Problemen hier zu fliehen. Aber mir wurde in dem Moment umso klarer, dass ich auf Gottes Gnade angewiesen war und es nicht allein schaffen konnte. An diesem Abend kam Hilfe von meiner Nichte an und ich war dankbar dafür, wie Gott mich so treu versorgte. Er sah mich. Am Ende des Abends konnte Gyanu sogar mit Thomas gemeinsam zum Schloss zurückgehen und musste so nicht allein durchs Dunkle laufen.

In den nächsten Wochen erlebte ich, wie Gott mir durch viele kleine Dinge weiterhalf und sich liebevoll um mich kümmerte. Spätestens jetzt war Thomas und mir klar, dass wir in unserer Beziehung Nägel mit Köpfen machen sollten. Auch wenn wir sehr unterschiedlich waren und auch unsere Kulturen aufeinanderprallten, wussten wir dennoch, dass Gott uns gemeinsam meinte. Trotz all der Herausforderungen fühlten wir uns zueinander hingezogen. Thomas war sich sicher, dass ich seine Frau werden sollte. Als wir uns trafen, spürte ich, das etwas in der Luft lag. Aufgeregt und etwas nervös meinte Thomas, er wolle mich gerne etwas fragen. Ich wusste, jetzt wird es ernst. So ging er vor mir auf die Knie und fragte mich, ob ich seine Frau werden wolle!

Ich musste nicht lange überlegen, wie ich ihm antworten würde, denn das war schon lange klar in meinem Herzen: Ja, ich will! So verlobten wir uns und fingen an, uns auf die Hochzeit vorzubereiten.

Wir dachten, es wäre gut, auch mit Jonny über unsere Entscheidung zu sprechen. Am nächsten Tag trafen wir uns alle drei in unserem Haus.

Thomas begann zu sprechen: »Jonny, heute sind wir zusammengekommen, um dir etwas Wichtiges mitzuteilen. Wir haben beschlossen zu heiraten. Wir haben den Herrn um seinen Willen für uns gebeten und wir haben Frieden und Freude über dieser Entscheidung. Du bist ein starker Junge. Ich mag dich gerne. Und ich freue mich, dass wir bald eine Familie sein werden.«

Als Thomas seine Worte beendete, sah ich, wie Jonny Tränen in die Augen stiegen und er anfing zu schluchzen. Dann gab er seinem Inneren Ausdruck: »Thomas, ich mag dich auch.« Diese

Worte kamen tief aus seinem Herzen. »Ich bin sehr glücklich mit eurer Entscheidung und habe dich gern als meinen Vater.«

Das war ein sehr emotionaler und berührender Moment für uns, auch zu erleben, wie Jonny sein Herz öffnete und vor Freude schluchzte. Jetzt sollte unserem Familienglück nichts mehr im Wege stehen.

Doch bis zur Hochzeit würde noch einiges passieren, womit ich nicht gerechnet hatte.

Meine Nichte hatte in Blick auf meinen Lebensunterhalt zu mir gesagt: »Du bist nicht von Menschen abhängig, sondern von Gott. Wenn du im Dienst vorangehst, wird er dir zeigen, wie du das machen sollst.«

Thomas ermutigte mich, mir einen Unterstützerkreis aufzubauen. Als ich mich wieder einmal über meine geringen Geldmittel beklagte, mit denen ich kaum das Nötigste kaufen konnte, fragte ich: »Wie lange soll das noch mit so wenig Geld weitergehen?« Seine Antwort gab mir zu denken: »Selbst wenn du nur trockenes Brot und Wasser hast, so ist es doch wert, Gott zu dienen. Sorge dich nicht um deine Versorgung. Bete lieber dafür und sprich über deine Nöte mit Menschen, die Gott dir zeigt.« Dabei erinnerte er mich an Matthäus 6,30-33:

> Wenn sich Gott so wunderbar um die Blumen kümmert, die heute aufblühen und schon morgen wieder verwelkt sind, wie viel mehr kümmert er sich dann um euch? Euer Glaube ist so klein! Hört auf, euch Sorgen zu machen um euer Essen und Trinken oder um eure Kleidung. Warum wollt ihr leben wie die Menschen, die Gott nicht kennen und diese Dinge so

> wichtig nehmen? Euer himmlischer Vater kennt eure Bedürfnisse. Macht das Reich Gottes zu eurem wichtigsten Anliegen, lebt in Gottes Gerechtigkeit, und er wird euch all das geben, was ihr braucht.

Thomas machte mir Mut, die Teilnehmer des nächsten Kurzzeiteinsatzes, die zu mir zur Vorbereitung kamen, anzusprechen. »Frage, ob jemand bereit ist, Teil deines Unterstützerkreises zu werden.« Das war eine echte Herausforderung für mich!

Ich erwartete demnächst fünf Leute für ein Wochenende. In den Tagen davor rang ich mit mir. Wie sollte ich über meine finanziellen Nöte sprechen? Ihre Ankunft kam näher und ich sagte zu Gott: »Herr, wenn du das wirklich willst, dann musst du mir das bestätigen, sonst fühle ich mich nicht wohl dabei.« Auf der Suche nach einer Antwort öffnete ich meine Bibel. Dabei hörte ich in meinem Herzen den Satz: »Lies Vers 16!«

Die dünnen Seiten der Bibel fielen im Philipperbrief Kapitel 4 auf. Ich staunte über die Überschrift: »Von der Großzügigkeit der Philipper«. Das konnte kein Zufall sein! Aufgeregt las ich weiter. Ich war überwältigt: In diesen Versen ging es genau um mein Thema. Paulus schreibt darüber, wie man ihn unterstützt hatte:

> Selbst als ich in Thessalonich war, habt ihr mir mehrmals Hilfe zukommen lassen.

Ich hatte den Eindruck, dass Gott mir dadurch versicherte, dass er meine Not kannte und er Menschen gebrauchen würde, um mir zu helfen, so wie er es bei Paulus getan hatte. Nun war ich sicher, dass ich mit meinen Gästen offen über meine finanziellen Bedürfnisse sprechen sollte. Drei Tage später reisten sie an und ich wagte es und es wuchs Frucht daraus hervor.

In den folgenden Monaten erlebte ich auf die verschiedenste Weise Gottes Versorgung. Das erste Geschenk war meine deutsche Freundin Wiebke Brandt, die ursprünglich aus Namibia kam und deshalb meine Mühe mit der deutschen Mentalität verstand. Sie sah nicht auf die Uhr, ließ mich nicht spüren, dass sie in Eile war. Jonny fand in ihrem Sohn ebenfalls einen besten Freund und beide nahmen mit Begeisterung an den Treffen der christlichen Pfadfindergruppe Royal Rangers teil, die ihr Mann mitleitete.

Thomas brachte in dieser Zeit Möbel aus seiner Heimatstadt Freiburg ins Haus. Er hatte ein Klavier von seinem Großvater geerbt. Es stellte sich heraus, dass meine neue Freundin Klavierlehrerin war. Ich erzählte ihr von meinem Wunsch während der Collegezeit, Klavier zu lernen. Damals hatte weder der Lehrer Zeit noch ich ein Klavier. Als ihr Sohn etwas vorspielte, war Jonny völlig fasziniert und rief: »Das will ich auch lernen!«

»Ich zeige es deiner Mama und dir, wenn du willst«, meinte sie, »aber du musst bereit sein, jeden Tag zehn Minuten zu üben.« Gerne willigten wir ein und so gab sie erst Jonny und später auch mir Klavierunterricht.

Es war der Beginn seiner musikalischen Laufbahn. Bis zum Abitur hatte er Klavierunterricht – heute ist er mit seiner Frau Helea beruflich auch als Musiker tätig.

Ein weiteres Wunder erlebte ich hinsichtlich der Heilung meines Beines, mit dem ich in Nepal und Indien Probleme gehabt hatte. Jahrelang hatten mich im linken Bein Schmerzen geplagt, aber die Ärzte hatten keine Ursache finden können. In Deutschland verschwanden die Beschwerden. Auch das ermutigte mich.

Ich hatte dann in Hurlach die Gelegenheit, an der *School of Biblical Studies* (SBS) teilzunehmen. Bei diesem neunmonatigen Kurs von JMEM geht es darum, jedes Buch der Bibel gründlich, ohne die Verwendung von zusätzlichen Kommentaren zu studieren.

Da ich unbedingt mehr über die Bibel wissen wollte, war dieser Kurs mein Traum gewesen, doch mir fehlte das Geld. Unter den Teilnehmern des Nepalteams, mit denen ich als Erstes über meine finanziellen Nöte gesprochen hatte, war ein Mann, der es auf dem Herzen hatte, mir die Gebühr für den gesamten Kurs zu bezahlen. Ich jubelte über diese himmlische Versorgung!

Er blieb nicht der Einzige, der mich aus diesem Team unterstützte. Zwei andere halfen mir über viele Jahre hinweg und ich war Gott einfach dankbar, dass er tat, was er versprochen hatte: mich zu versorgen.

Ein weiteres finanzielles Wunder erlebte ich, als mein Bruder Bejoy uns besuchte, der inzwischen ein guter Freund von Thomas geworden war.

Ich hatte gerade meinen deutschen Führerschein gemacht und wir kurvten mit ihm in der Schweiz die Bergstraßen hoch und runter, um ihm das schöne Europa zu zeigen. Dabei wuchs in mir der Wunsch, meinen Bruder nach England zu begleiten. Eine gute Freundin aus der Jüngerschaftsschulzeit lebte dort und, was uns sehr verband, war, dass wir beide Befreiungen von Flüchen erlebt hatten.

Allerdings hatte ich kein Geld für diese Reise, und Thomas stellte zu Recht fest: »Wenn du kein Geld hast, kannst du nicht verreisen.« Aber der Wunsch brannte so tief in mir, dass ich ihn dennoch bat, mir zu helfen, ein Visum zu beantragen. Mein Bruder gab mir 100 DM, aber mehr konnte er nicht erübrigen. Leider reichte dies nicht für ein Ticket.

Zwei Tage vor der Abreise klingelte eine JMEM-Mitarbeiterin an meiner Türe und drückte mir einen Umschlag in die Hand mit den Worten: »Gott hat mir aufs Herz gelegt, dir 200 DM zu geben.« Da war nicht nur mein Bruder sprachlos! Diese Frau hatte nicht gewusst, dass ich nach England reisen wollte. Jetzt hatte ich 300 DM – das reichte zumindest für die Hinreise.

Gegen Ende meines zehntägigen Aufenthalts in England bat mich meine Freundin, in einer Gemeinde spontan etwas über Nepal zu erzählen. Das tat ich gerne, auch wenn ich völlig unvorbereitet war, und so erzählte ich einfach, was auf meinem Herzen war. Danach sammelte die Gemeinde für mich ein Opfer ein: Etwa 580 DM kamen zusammen!

Doch damit nicht genug. Gott versorgte mich weiter! Denn nachdem ich einige Zeit mit meiner Freundin verbracht hatte, traf ich meinen Bruder wieder und ging mit ihm zu seinem Gastgeber, der ein hoher Beamter im Bildungswesen Englands war. Wir blieben einige Tage in seinem Haus und er zeigte uns die Sehenswürdigkeiten in der Gegend. Er war großzügig und bezahlte alle unsere Kosten für die Besichtigungen. Nicht nur das, er zahlte auch unser Taxi zum Flughafen, das auch knapp 290 DM gekostet hatte. Das überwältigte mich. Ich lernte Gott als Versorger kennen, der nicht nur die Rechnungen bezahlte, die notwendig waren, sondern mir sogar Urlaub spendierte!

Thomas staunte nicht schlecht, als ich heimkam und sogar noch so viel Geld übrighatte, dass ich mir einen weiteren lang gehegten Wunsch erfüllen konnte: Ich kaufte mir eine kleine Videokamera, mit der ich meiner Familie endlich zeigen konnte, was ich in Deutschland tat. Außerdem nutzte ich sie später, um Videos von unseren Diensten in Nepal aufzunehmen. So konnte ich sie dann in Deutschland zeigen.

Während der Trumpet-Tour 2001 hatte Thomas auch eine Veranstaltung in Herrnhut geplant. Da diese Stadt ein geschichtsträchtiger Ort ist und hier Missionsgeschichte geschrieben wurde, nahmen sie sich dort etwas mehr Zeit.

Bei der ersten Begegnung hatte ihnen der Pastor des Christlichen Zentrums Herrnhut, Christian Winter, erzählt, wie einst aus diesem kleinen Ort Missionare in alle Welt gegangen waren. Heutzutage ist die Herrnhuter Brüdergemeine vor allem durch die Herausgabe des Losungsbüchleins weltweit bekannt, in dem sich für jeden Tag ein gezogener Bibelvers befindet. Der Ort wurde einst von mährischen Glaubensflüchtlingen gegründet, die im 17. Jahrhundert bei dem frommen Nikolaus Graf Zinzendorf Aufnahme fanden. Die Gläubigen lebten in enger Gemeinschaft miteinander, beteten rund um die Uhr und sandten im Lauf der Jahrhunderte zahllose Missionare aus.

Nachdem das Team viele inspirierende Missionsgeschichten gehört hatte, beteten sie und spürten einen deutlichen Ruf Gottes nach Herrnhut. Der Eindruck wurde immer klarer und so empfanden sie als Team, dass sie dort eine neue JMEM-Base gründen sollten mit dem Fokus auf Weltmission. Ich selbst war nicht Teil der Reise und wusste deshalb nicht, was dort passiert war. Einige Tage später teilte Thomas mir mit, was sie dort empfunden hatten. Als ich das hörte, war ich überhaupt nicht begeistert. Ich habe gerade angefangen, mich in Hurlach niederzulassen, und jetzt sollte ich schon wieder umziehen? Konnte ich nicht endlich irgendwo ankommen?

Aber mir war es wichtig, in dem zu gehen, was Gott vorbereitet hatte. Ich betete also zu Gott: »Wenn dieser Plan von dir ist, dann zeige es mir bitte!«

Ich hörte keine direkte Antwort von Gott. Doch mit der Zeit spürte ich, wie mein Herz ruhiger wurde, bis ich schließlich Frieden hatte, mitzugehen und in den Osten Deutschlands zu ziehen. Gott erhörte mein Gebet und leitete mich mit seinem Frieden. Unser Team bestand mittlerweile nur noch aus Thomas, mir und dem Leiterehepaar, da die anderen Teilnehmer andere Wege einschlugen. Thomas und unser damaliger Leiter machten sich ernsthaft und eifrig auf die Suche nach einem geeigneten Gebäude für ein neues JMEM-Zentrum. Dazu mussten die beiden oft nach Herrnhut fahren und waren viel unterwegs.

Doch das sollte nicht die einzige Veränderung sein, die in der kommenden Zeit anstehen würde.

Thomas erzählte mir, dass wir für sechs Monate nach Amerika zu JMEM in Colorado Springs gehen sollten, um uns darauf vorzubereiten, ein JMEM-Zentrum in Herrnhut zu gründen.

Mir blieb die Luft weg, als ich das Datum des Abflugs sah: zwei Wochen nach unserer Hochzeit! In dieser Zeit hatte ich mir Flitterwochen erträumt und keine Schulung in Colorado Springs …

Erneut begann ich wegen der Pläne mit Gott zu hadern. War die USA-Reise sein Plan? Und Jonny, der gerade in die dritte Klasse gekommen war und aufs Gymnasium wollte, sollte ich aus der Schule nehmen? »Herr, ich brauche drei Bestätigungen von dir, um in Frieden in die USA zu gehen!« Im Gebet rang ich mit Gott.

Erstens bat ich um eine Ermutigung für diese Pläne von jemand, der davon nichts wusste. Zweitens brauchte ich die Zusage der Finanzen. Und drittens musste klar sein, wie Jonny nicht den Faden in der Schule verlieren würde. Thomas und ich waren als Lehrer fürs Homeschooling ungeeignet. Wir brauchten für ihn eine tragfähige Lösung.

Gottes Bestätigung ließ nicht lange auf sich warten. Der Mann, der mir bereits den SBS-Bibelkurs finanziert hatte, rief plötzlich an und sagte: »Ich spüre, dass Gott etwas Neues mit euch vorhat, und ihr solltet darauf eingehen.«

Eine Schweizer Freundin meldete sich und versprach, mir die nötigen Finanzen zukommen zu lassen.

Die dritte Bestätigung war die Zusage einer Bekannten, sich als Lehrerin mithilfe eines Kurses der Deutschen Fernschule um Jonnys Lernen zu kümmern.

So hatte Gott treu mein Gebet beantwortet, und nachdem Gott mir diese drei Bestätigungen gegeben hatte, war ich in meinem Herzen bereit, in die USA zu gehen.

Doch bevor es in die USA gehen sollte, gab es noch eine Feier, die es zu organisieren und zu zelebrieren gab: unsere Hochzeit!

Am 25. Mai 2002 war es so weit. Als ich aus dem Fenster sah, erblickte ich ein wunderschönes Cabrio vor meinem Haus und ich staunte nicht schlecht, als ich erfuhr, dass Thomas' Bruder Alex diese Überraschung für mich organisiert hatte! So wurde ich also in diesem herrlichen Auto als Braut zur Kirche gefahren. Das war eine besondere Freude für mich.

Thomas stand im Anzug vorne, während ich in meinem weißen Kleid den Kirchengang entlangschritt. Ich war so aufgeregt. Als ich vorne angekommen war und seine Hand nahm, wurde mein Herz etwas ruhiger. Pastor Helmut Vollkommer aus der »Christlichen Gemeinde« in Reutlingen hielt die Predigt und traute uns.

Dann kam es zu dem Trauversprechen. Wir gaben uns gegenseitig ein persönliches Eheversprechen. Ich fing an. Dann kam Thomas an die Reihe. Nachdem er fertig war, sagte er etwas, womit ich nicht gerechnet hatte. Er schaute Jonny an und versprach ihm unter Schluchzen: »Ich bin Gott und auch dir sehr dankbar, dass ich von nun an dein Vater sein darf. Ich liebe dich und werde dich mit meiner Liebe und Fürsorge aufziehen und Schutz für dich sein. »Ich war sprachlos. Es berührte mein Herz zutiefst. »Gott, du schenkst mir nicht nur einen Ehemann, sondern meinem Sohn auch einen Vater!« Ich war überwältigt von der Liebe Gottes und von der Liebe Thomas' zu mir und meinem Sohn. Ich wusste auch, dass es Jonny viel bedeutete, weil er mir im Vertrauen gesagt hatte, dass er gerne Thomas als Vater hätte.

Tränen füllten meine Augen, aber ich hatte ein großes Problem: Wenn ich jetzt weinen würde vor laufender Kamera und beim nachfolgenden Fotoshooting, dann würden meine Tränen mein Make-up total ruinieren! Mitten im Gottesdienst auf die Toilette zu verschwinden, um mein Make-up auszubessern, war auch keine Option. Also versuchte ich mein Bestes, die Tränen zurückzuhalten, und schloss nur kurz meine Augen und atmete ein paarmal leise tief ein.

Der Rest des Tages stellte keine so große Bedrohung für mein Make-up dar. Viele Freunde und Bekannte feierten mit uns und wir freuten uns, gemeinsam in unser Eheleben zu starten und ein neues Abenteuer zu beginnen.

16

AMERIKA, HERRNHUT UND DIE WELT

Colorado Springs und Herrnhut 2002–2022

Das Abenteuer sollte schneller starten, als mir lieb war. Kurz nach unserer wunderschönen Hochzeitsfeier stiegen wir ins Flugzeug. Ich war fest entschlossen, Gott zu vertrauen.

Zuerst verbrachten wir noch zwei schöne Wochen in Montana und Washington, besichtigten Sehenswürdigkeiten und genossen den Urlaub. Dann kam die Zeit, nach Colorado Springs weiterzuziehen, wo wir die nächsten sechs Monate bleiben sollten.

Doch die Ankunft im Zentrum von YWAM in Colorado Springs war ernüchternd. Wir waren in den Holzhäusern einer Ranch untergebracht, deren Wände so hellhörig waren, dass man jedes Wort auf der anderen Seite mitbekam. Die Nachbarn über uns duschten stets um Mitternacht, und das Frühstück war zu früh und so weit entfernt, dass wir es keinen Morgen zum Speisesaal schafften. Zu guter Letzt verströmte die Toilette ihren Duft beständig durchs Haus. Es war das Gegenteil von dem, was ich mir als romantisch für Flitterwochen ausgemalt hatte.

Ich wollte dringend ein anderes Zimmer und schilderte der Verantwortlichen für die Raumbelegung unsere Not: »Wir sind frisch verheiratet. Mein Mann muss meinen Sohn jeden Morgen im Homeschooling unterrichten. Könnten wir nicht ein anderes Zimmer haben?«

»Habt ihr vom Herrn gehört, dass ihr zu dieser Zeit nach Amerika kommen sollt?«, fragte sie zurück. Ich bejahte.

»Nun, wenn ihr richtig gehört habt, dann wird euch der Herr Gnade geben, da durchzugehen«, lautete ihre Antwort.

Mir war zum Heulen zumute.

Wir hatten dort immer wieder Coaching mit den JMEM-Leitern und wir hatten vor Ort viel Zeit für Teambuilding-Prozesse. Das war gut und half uns später in der ein oder anderen Herausforderung, miteinander umzugehen. Inzwischen war unser Team um drei weitere Mitarbeiter gewachsen. Erfrischend waren auch die Zeugnisse und Begegnungen mit anderen Missionaren. Sie berichteten uns von ihren Erlebnissen im Ausland und was Gott in ihrem Leben getan hat. Das stärkte unseren Glauben.

Während der Zeit dort an der Schule half Thomas Jonny beim Homeschooling. Das war für sie durchaus mit Höhen und Tiefen verbunden, jeden Tag drei Stunden in diesem kleinen Raum Unterricht zu machen. Da Jonny gerne das Gymnasium besuchen wollte, musste er viel lernen, um gute Noten zu bekommen. Also war ich ziemlich streng mit beiden und übernahm die Rolle des Schulleiters.

Nachmittags gab ich einem jungen Mann aus Amerika Sprachunterricht, der als Missionar nach Nepal ausreisen wollte. Durch ihn wurde ich zu einer internationalen Veranstaltung eingeladen, wo ich an einem großen runden Tisch mit einer Frau ins Gespräch kam, und ihr berichtete, dass wir bei Jugend mit einer Mission seien.

»Oh, das ist nun das dritte Mal, dass ich jemandem von JMEM begegne«, meinte sie. »Vielleicht möchte mir der Herr dadurch etwas sagen. Ich melde mich per E-Mail bei dir!« Und weg war sie, denn sie war in Eile … aber mittlerweile nahm ich das ja nicht mehr persönlich.

Tatsächlich meldete sie sich am selben Abend und fragte uns, ob wir bereit wären, für zwei Wochen ihr Haus samt den beiden Hunden zu hüten, während sie verreist wären. Wir sagten sofort zu, auch wenn ich für die erste Woche eine Reise zu meinem Schwager nach New York geplant hatte und Thomas vorerst allein in das Haus einzog.

Das Ticket zu Prataps Bruder, der mich damals so treu im Krankenhaus unterstützt hatte, spendierte mir mein Sprachschüler. Allerdings reichte das Geld nicht mehr für ein Taxi zu seiner Wohnung. Darum nahm ich den Bus. Angespannt fragte ich unterwegs Mitfahrende, wann und wo ich aus- und umsteigen müsste – in einer Hand den Koffer, in der anderen Jonnys Hand. Die vielen Stationen waren verwirrend und ich befürchtete, niemals anzukommen. Plötzlich sprach mich ein Jude mit Kippa auf dem Kopf an, der mich beobachtet hatte. »Folgen Sie mir«, meinte er und lotste mich quer durch New York bis zur Haustür meines Schwagers, wo er sich verabschiedete. Das Ganze trug eindeutig die Handschrift Gottes!

Die Freude von Prataps Bruder war überschwänglich. Ich rief von ihm aus bei seiner Mutter, meiner Schwiegermutter, in Indien an – Prataps Schwester nahm ab, hörte meine Stimme und rief hinein: »Oh, ihr Gesegneten, wie habt ihr es geschafft, nach Amerika zu kommen?« Für die Familie war diese Reise unmöglich. Ich erzählte ihr die Story und wir lobten gemeinsam Gott.

✵

Die folgenden Tage erkundeten Jonny und ich die Sehenswürdigkeiten der Stadt auf eigene Faust dank der Tipps meines Schwagers, der mit seiner Familie mitten in einem Umzug steckte und uns nicht begleiten konnte. Wir besichtigten den Nationalpark mitten in der

Stadt, verschiedene Museen, das UNO-Büro, wir machten eine Fahrt mit dem Schiff auf dem Hudson River. Wir sahen das Empire State Building, den Times Square und machten einen Besuch auf einem Flugzeugträger. New York hatte einiges zu bieten und Jonny und ich genossen die Zeit in New York sehr.

Doch eines war eher erschreckend.

Es war ein emotionaler Tag für uns, als wir so kurz nach dem Anschlag auf das World Trade Center dort in der Nähe auf der Straße standen.

»Weißt du, Eli, das war mein Arbeitsplatz. An diesem Tag habe ich dort nur nicht gearbeitet, weil mein Sohn krank war. Sonst wäre ich wohl auch in den Trümmern umgekommen. Gott hatte Gnade mit mir«, erzählte mir mein Schwager am Abend. Ehrfürchtig schwiegen wir. Er war dem Tode nur knapp entronnen.

Voller Eindrücke machten wir uns auf den Rückweg.

In Denver holte mich Thomas am Flughafen ab. Er lächelte geheimnisvoll: »Du ahnst nicht, wo du jetzt wohnen wirst.« Das Haus, das wir samt Hunden zu hüten hatten, befand sich in einem superreichen Viertel. In der Garage der zweistöckigen Villa standen drei Autos, die wir benutzen durften. Alles bewegte sich automatisch. Es gab riesige Betten und Badezimmer, einen offenen Kamin, einen Fitnessraum, draußen ein Whirlpool und zwei Hunde, die Jonny unentwegt beschäftigten. Es war der perfekte Ort für unsere Flitterwochen!

Eine Woche später kamen unsere großzügigen Gastgeber heim und bedauerten, uns nicht kennengelernt zu haben. »Bleibt doch in der unteren Gästewohnung – solange ihr wollt.« Das ließen wir uns nicht zweimal sagen. Den Rest der Zeit in den USA fuhren wir täglich von »unserer« Villa im geliehenen Amischlitten zur JMEM-Base und genossen dieses Überraschungspaket Gottes – sechs Wochen lebten wir dort. Unsere Gastgeber, Nancy und Dick Liccardi, luden uns oft zu Ausflügen ein, wobei sie alle Kosten übernahmen und uns auch danach noch lange unterstützen. Diese Familie war und ist ein großer Segen für uns.

Sie hatten einen Sohn, der gerade eine schwere Zeit hinter sich hatte. Sie beteten für ihn für eine neue offene Tür. Thomas schlug der Familie vor, er könne doch eine Jüngerschaftsschule in Herrnhut machen, um als Christ Boden unter den Füßen zu bekommen. Alle waren begeistert – auch der Sohn. Er sagte sofort zu.

Nur ich meinte, nicht richtig gehört zu haben: Hatte Thomas gerade eine DTS in einem JMEM-Zentrum angeboten, das es noch gar nicht wirklich gab? Wir hatten ja noch nicht einmal das Haus dazu! Ich schluckte. Wie sollten wir so schnell ein Gebäude finden? Bislang war trotz intensiver Suche keine Türe aufgegangen.

Als wir Ende 2002 aus den USA wieder in Hurlach eintrafen, warteten etliche Herausforderungen auf uns. Jonny hatte Mühe, nach einem Lehrerwechsel den Anschluss in der Schule zu finden. Ich erzählte es Anne, einer älteren Dame von JMEM, die in Hurlach lebte. Sie war sehr hilfsbereit und bot Jonny an, einmal in der Woche mit Nachhilfe zu unterstützen. Es tat ihm sehr gut! Auch Thomas tat sein Bestes und half ihm bei der Vorbereitung auf das Gymnasium. Dennoch reichte am Ende der vierten Klasse sein Notendurchschnitt gerade so nicht aus, um in Bayern oder Sachsen fürs Gymnasium zugelassen zu werden. Auf seinen Wunsch hin erlaubten wir, dass Jonny die Aufnahmeprüfung versucht. Thomas beschloss, 40 Tage dafür zu fasten. Er trank nur Wasser und Gemüsebrühe. Und zur Freude aller bestand Jonny die Prüfung mit gutem Ergebnis. Halleluja! Gott hat unsere Gebete erhört und Jonnys Wunsch erfüllt.

Unterdessen scharrte die Mannschaft in den Startlöchern, um endlich den Sprung nach Herrnhut zu wagen. Mittlerweile waren sieben neue Mitarbeiter zu unserem Team dazugestoßen. Es war Sommer und wir waren bereit für den Umzug. Doch trotz gepackter Umzugskisten fand sich keine Unterkunft. Drei Tage vor Abfahrt des ersten Möbellastwagens war nichts in Sicht. Da telefonierte unser Teamleiter noch einmal verzweifelt mit Gerhard Winter, dem Bruder des Pastors vom Christlichen Zentrum in Herrnhut, der dort auch eine Druckerei betreibt. Nachdem Gerhard von unserer Not gehört hatte, machte er uns folgendes Angebot: »Ich habe keinen geistlichen Eindruck für euch«, meinte er nüchtern, »aber was ich euch anbieten kann, ist eine Wohnung.« So öffnete er uns im wahrsten Sinne des Wortes als »Man of Peace« die Tür nach Herrnhut, und der erste Teil unseres Teams konnte bei ihm einziehen – wofür wir ihm bis heute sehr dankbar sind.

Thomas, ich und unser Teamleiter mit seiner Familie entschieden, ein Jahr später nach Herrnhut umzuziehen.

Alle Mitglieder des Leitungsteams fuhren im selben Jahr zur Vereinsgründung nach Herrnhut, ohne ein Gebäude zu haben. Umso mehr drängten uns die vielen Anmeldungen für die erste Jüngerschaftsschule in Herrnhut zum Handeln. Menschen hatten bereits ihre Jobs gekündigt, um teilzunehmen! Wir standen als Team gehörig unter Druck.

Da wir als Familien unsere Kinder zur Gründung mitgenommen hatten, unternahmen wir am Nachmittag einen Spaziergang im Wald. Jonny und die zwei anderen Jungen waren begeistert. Sie sammelten Stöcke, spielten am Bach und trödelten. Ich blieb in ihrer Nähe, die anderen jedoch – ins Gespräch vertieft – merkten nicht, dass wir zurückblieben.

Plötzlich hatten wir uns verloren. Als sie merkten, dass wir nicht mehr bei ihnen waren, teilten sie sich auf und begannen überall im Wald nach uns zu suchen. Auf diese Weise irrte Thomas herum und stand auf einmal vor einem großen alten Gebäude, das ihm zuvor noch niemand gezeigt hatte.

Er fragte ein paar dort spielende Kinder nach uns. Diese konnten ihm aber keine Auskunft geben. Später, wieder in Herrnhut angekommen, sprach er mit unseren Bekannten über das Gebäude und wollte von ihnen wissen, was das für ein großes Haus sei. »Ach, das ist das alte Wasserschloss vom Roten Kreuz«, erklärten sie ihm. »Da ist gerade noch ein Kinderheim drin, das aber bald geschlossen werden soll, und dann steht das Gebäude zum Verkauf.«

Thomas staunte. Das Wasserschloss schien genau die richtige Größe für ein JMEM-Zentrum zu haben. Keiner der Ortskundigen hatte uns bislang dieses Gebäude gezeigt, man hatte schlicht nicht daran gedacht!

Am nächsten Tag stand unser Team beim Roten Kreuz auf der Matte und fragte, ob es zu haben wäre. Dort war man hocherfreut über die Aussicht, das alte Gemäuer loszuwerden, und schnell waren wir uns über den Preis einig. Doch es brauchte wieder ein Wunder, um das Geld zusammenzubekommen. Loren sagte einmal: »Where God guides he provides« (Wo Gott hinführt, versorgt er auch). Das erlebten wir auch wieder, denn Gott ließ uns nicht im Stich. Vor allem dank eines großzügigen Spenders konnte die Mission das Wasserschloss kaufen und Stück für Stück umbauen.

Bevor wir nach Herrnhut umzogen, schloss ich in Hurlach noch den zweiten Teil der *School for Biblical Studies* ab. Das bedeutete für mich jeden Tag 10 bis 12 Stunden Unterricht und Eigenstudium. Es war eine sehr intensive Zeit, aber ich liebte es, so viel über die Bibel und ihre Zusammenhänge zu lernen.

Einige Wochen vor dem Ende meiner Bibelschule erreichten mich leider sehr traurige Nachrichten aus Nepal. Meine Schwester Moti war an Krebs erkrankt, der erst viel zu spät entdeckt wurde. Eine medizinische Behandlung konnte ihr aus diesem Grund nicht mehr helfen. Sie starb kurz nach der Entdeckung der Krankheit. Ich flog nach Nepal und trauerte sehr um sie – sie war ein so wertvolles Vorbild für mich, eine fleißige Geschäftsfrau und eine großzügige Gläubige, die unserer Familie und auch vielen anderen leidenschaftlich das Evangelium verkündet hatte.

Mein Herz war schwer. Hinzu kam, dass ich gerne noch länger geblieben wäre, um gemeinsam mit meiner Familie zu trauern, aber nach zwei Wochen in Nepal musste ich zurück nach Deutschland, denn es wartete der Umzug nach Herrnhut auf uns.

Im Sommer 2004 war es für uns an der Zeit, nach Herrnhut zu ziehen. Es war für mich und Jonny sehr schwierig, meine beste Freundin und seinen besten Freund in Hurlach zurückzulassen.

Doch die Sorgen waren umsonst, denn Jonny entwickelte sich sehr gut in Herrnhut. Dort besuchte er das Gymnasium. Auch konnte er dort seinen Klavierunterricht fortsetzen und Musik lag ihm sehr. Das erkannte auch sein Musiklehrer und Jonny wurde sein Lieblingsschüler und übte fleißig, um auf Konzerten spielen zu können. Ich selbst hatte sogar auch Klavierunterricht bei seinem Lehrer. Mit 15 Jahren war er Teil vom Lobpreisteam des Christlichen Zentrums und mit 16 gründete er seine erste Band. So spielten sie auf Konzerten, in Kirchen und anderen öffentlichen Veranstaltungen, wodurch die musikalische Berufung in seinem Leben deutlich sichtbar wurde. Auch seiner anderen Leidenschaft, dem Fußballspielen, konnte er in Herrnhut in einem Fußballverein weiter frönen.

Die erste DTS startete im Herbst 2004 planmäßig mit der großen Schar von 42 internationalen Studenten, darunter auch Jonathan, der Sohn unserer Gastgeber aus Amerika, der mit seiner Einsatzfreude ein großer Segen wurde.

Auch fanden wir viele neue Freunde und Gott versorgte uns mit allem, was wir brauchten – von Beziehungen über Finanzen hin zu praktischer Hilfe. Besonders in der Pionierphase brauchten wir als JMEM-Gemeinschaft viel finanzielle und praktische Hilfe. Diese erhielten wir auch von den örtlichen Christen, dem Christlichen Zentrum in Herrnhut und der Elim-Gemeinde in Zittau. Sie nahmen uns in ihre Häuser und in die Gemeinde auf. Einige Geschwister boten uns kostenlose Hilfe beim Kochen, Putzen und bei Bauarbeiten an unserem JMEM-Zentrum an. Familie Paul, die die Bäckerei im Ort betreiben und auch Mitleiter des Christlichen Zentrums in Herrnhut sind, versorgte die gesamte JMEM-Community regelmäßig mit viel kostenlosem Brot. Sie unterstützen unseren Nepaldienst bis heute mit Finanzen. Der Pastor der Elim-Kirche und seine Frau, die uns zu kostbaren Freunden geworden sind, halfen unseren JMEM-Mitarbeitern mit ihrer professionellen Betreuung und Beratung, wann immer es nötig war. Gott schenkte uns noch mehr wunderbare Freunde wie Mechtild und ihren Mann Ray Friesen, die auch viele Jahre lang unsere Missionsarbeit in Nepal finanziell unterstützten. Danilo, der Informatiker war, und seine Frau Christine Ludwig verließen ihre Jobs und schlossen sich uns an, um in der Mission zu dienen, und wurden zu einem großen Segen für uns persönlich und für Nepal.

Ich lernte ein sehr nettes älteres Ehepaar, Karin und Christian Langer, kennen, das mich aufrichtig liebte und mir viele Male in meinem Dienst half, wie es nur Eltern mit ihren Kindern tun. Für mich sind sie sehr wichtig und ich nenne sie liebevoll meine »deutschen Eltern«.

Gott hat all diese Menschen in den ersten Jahren unserer Zeit in Herrnhut auf unseren Weg geführt, zu unserer persönlichen

Ermutigung sowie zur Stärkung für uns als JMEM-Gemeinschaft. Viele andere kamen in den späteren Jahren hinzu, um mit uns zu arbeiten. Das Christliche Zentrum in Herrnhut wurde zu unserer neuen Heimatgemeinde und wir fühlten uns dort sehr wohl.

Zu unseren Jüngerschaftsschulen kamen nach und nach mehr Leute aus Deutschland und der ganzen Welt, davon viele aus den USA. Oft blieben sie nach Abschluss der Schule bei uns, um in der Mission mitzuarbeiten.

Mit der Zeit kamen andere Dienstzweige und Schulen dazu, die Schwerpunkte wie Fürbitte, Kunst und Fotografie hatten. Wir konnten Kurse über strategische Mission, das Königreich Gottes, biblisch-christliche Weltanschauung und Bibelgrundkurse anbieten. Parallel dazu gingen viele Kurzzeiteinsätze in die unterschiedlichsten Entwicklungsländer. Auch war es uns möglich, einige Leute längerfristig in den Dienst nach Rumänien, China, Afrika, Indien, Nepal und die USA auszusenden.

In unserem Zentrum gab es ein Leitungsteam, das aus fünf Personen bestand, die unterschiedliche Aufgabenbereiche innehatten: Visionäre Missionsleitung, Training, Mitarbeiterentwicklung, Verwaltung und Mission. Thomas war für die nach außen gehenden Missionsdienste zuständig und er leitete seinen Bereich mit großer Leidenschaft.

Innerhalb von zehn Jahren nach der Gründung des Zentrums mauserte sich das Wasserschloss zu einem der größten Zentren von Jugend mit einer Mission in Europa. Es gab Zeiten, in denen über 200 Teilnehmer über das Gelände wuselten, 100 Mitarbeiter hier lebten und mehrere Schulen gleichzeitig im Haus liefen. Es kamen auch weitere Standpunkte in Nürnberg und Florida hinzu.

In Herrnhut selbst konnte ein Café gestartet werden mit der Vision, die Menschen aus dem Ort und den umliegenden Dörfern zu erreichen. Auch der Dienst der »Fire Starters« wurde etabliert.

Sie bringen das Evangelium in die Städte und Universitäten. Außerdem entstand auch ein Dienst unter Flüchtlingen.

In den ersten 17 Jahren von JMEM Herrnhut haben rund 2 000 Studenten unsere Kurse absolviert. Sie gingen von hier aus zu missionarischen Einsätzen rund um den Globus und brachten das Evangelium in alle Welt. Die Dynamik war unglaublich!

17

ANFANG UND ENDE HÄLT GOTT IN SEINEN HÄNDEN

Nepal und Herrnhut 2013–2022

Wir waren gerade im Haus meiner Schwester mit einem internationalen Team von Künstlern zusammen, die mein Sohn Jonny dafür gewonnen hatte, mit ihm singend und betend durch die Berge des Himalayas zu ziehen.

Bis Jonny seine Schule beendete, reisten wir als Familie in den Sommerferien nach Nepal, damit er die Kultur und Familie erlebte und nicht vergaß. Manchmal machte Thomas mit ihm während dieser Zeit eine Trekking-Tour. Nach seinem Abitur hatte Jonny eine Jüngerschaftsschule in Australien absolviert, die einen Schwerpunkt auf Kunst hatte. Es folgten noch eine Schule für Soundproduktion und ein Kurs über Musikproduktion, wozu er nach Montana in den USA zog. Jonny hatte in seinem Einsatzland Peru eine Vision, in der er junge Leute auf einem Berg sah, die mit Musik Gott anbeteten, und jetzt war sie Wirklichkeit geworden. Nach dem missionarischen Einsatz der Jüngerschaftsschule in Peru waren ihm sechs junge Leute mit ihren Instrumenten zu einer geistlichen Trekkingtour in die Höhenlagen des Annapurna-Basecamps gefolgt, um den Sieg Gottes in den Bergen Nepals auszurufen.

Wir waren bereits in Nepal und saßen gerade im Haus meiner Schwester in Kathmandu zusammen, um die letzten praktischen Vorbereitungen für den Einsatz zu treffen.

Ich checkte meine E-Mails. Jemand aus Deutschland hatte mir geschrieben. Ich begann zu lesen und ahnte nicht, dass damit ein neues Kapitel meines Dienstes aufgeschlagen würde.

Ein Mitarbeiter von JMEM fragte mich in dieser Mail Folgendes: »In der Stadt Zittau ist ein ›Fest der Kulturen‹. Wäre das nicht für dich die Gelegenheit, etwas von Nepal zu präsentieren?« Ich schmunzelte, als ich dies las. Was sollte ich auf einem Straßenfest? Doch dann dachte ich an den Besuch vor ein paar Tagen bei einer verarmten Frau in einem Elendsviertel von Kathmandu. Sie hatte zwei Kinder, war sehr krank und brauchte dringend Hilfe. So gerne hätte ich ihr geholfen! Mit einer Starthilfe für einen kleinen Laden hätte sie sich vielleicht über Wasser halten können. Ob dieses »Fest der Kulturen« vielleicht eine Möglichkeit wäre, neue Geldquellen für die Notleidenden in Nepal zu erschließen?

Aufgeregt ratterten die Ideen durch meinen Kopf: Ich könnte einen Stand machen und Handarbeiten aus Nepal verkaufen – bestickte Taschen, gefilzte Untersetzer, Tischwäsche, Hemden, Mützen, Kaschmirschals, Kinderkleidung, Hausschuhe … Ich sagte zu.

Der Markstand auf dem Fest der Kulturen war ein voller Erfolg!

Am Tag des Marktes kam Johannes Weiß, ein befreundeter Pastor von Thomas, zu mir und kaufte ein nepalesisches Hemd. »Der Erlös dieses Hemdes wird einer ganz bestimmten armen Frau helfen. Ich habe sie kennengelernt und es wird ein großer Segen sein für sie«, teilte ich ihm mit.

»Das ist eine grandiose Idee mit diesem Stand! Ich bin begeistert! Du solltest auch noch zu dem Markt in Zittau gehen und dort mit deinem Stand für Nepal werben«, ermutigte mich der Pastor.

Ich war unsicher. »Meinst du denn, dass ich dort eine Genehmigung bekomme? Mir würde es auf jeden Fall Freude bereiten, mit meinem Nepalstand dort zu sein.«

»Weißt du was, Eli? Ich helfe dir. Ich kenne den Marktleiter dort und kann mit ihm reden. So etwas wird er bestimmt gerne unterstützen!«

So begann mein Marktdienst für Kinder und Witwen in Nepal und die Idee, an Märkten und Stadtfesten teilzunehmen, war geboren.

Wir wiederholten dasselbe beim Weihnachtsmarkt. Wieder lief es bestens, und meine Tournee über die Märkte nahm ihren Anfang. Dank der Unterstützung meiner treuen Freunde Karin und Christian Langer, die mir beim Auf- und Abbau, dem Papierkram und der Buchhaltung halfen sowie systematisch die Veranstaltungsdaten von Märkten sammelten, durchzog ich in den kommenden Jahren die Märkte der gesamten Region der Oberlausitz. Manchmal hatten wir zwei Stände gleichzeitig und die JMEM-Mitarbeiter und Karin kümmerten sich um den Verkauf und den Aufbau der Nepal-Stände.

Zeitungen und Magazine wurden auf mich und meinen Stand aufmerksam und es erschienen mehrere Artikel über meine Arbeit, das Patenschaftsprogramm, die Kinderheime und die Hilfsbrücke von Deutschland nach Nepal. Die Folge war, dass bei den nächsten Märkten und Stadtfesten immer noch mehr Besucher an meinen Stand kamen. Inzwischen hatte sich der kleine Stand dank meines handwerklich geschickten Freundes zu einem stattlichen Nepal-Pavillon entwickelt. So gut wie der gesamte Erlös floss in meinen Hilfsdienst nach Nepal.

Einer der besonderen Märkte für mich ist der Christkindlmarkt in Görlitz, bei dem wir sogar 17 Tage lang in unserem bunt dekorierten Nepalstand Artikel verkauften.

Bei den Gesprächen am Marktstand entstanden immer mehr Kontakte und auch bekannte Gesichter und Stammkunden kamen gerne vorbei. Leute fragten mich, wie sie nach Nepal reisen könnten, es entstanden Verbindungen zu Ärzten, Krankenschwestern und Zahnärzten, die sich dafür interessierten, an Medical Camps teilzunehmen. Manche Leute brachten mir Spenden für die Kinder Nepals an den Stand, ohne die Absicht, etwas zu kaufen. »Wir haben da etwas über Nepal gelesen …«, mit diesem Satz begannen etliche Unterhaltungen, in denen die Passanten mehr über mein Land und über den Buddhismus wissen wollten. Wir kamen ins Gespräch über den wahren Sinn des Lebens und oft erzählte ich als ehemalige Buddhistin davon, wie meine Familie und ich von der Dunkelheit durch die Begegnung mit Jesus ans Licht gekommen waren.

Immer öfter kam die Frage auf: »Haben Sie nicht ein Geschäft, wo man diese Handarbeiten aus Nepal kaufen kann? Ich würde so gerne meine Familienmitglieder und Freunde bei Ihnen vorbeischicken!« Infolgedessen überlegte ich, wie ich einen kleinen Laden in Herrnhut einrichten könnte. Da ergab sich die Gelegenheit, dass ich im »Mazel Tov«, einem Missionsladen der Gemeinde »Christliches Zentrum Herrnhut«, zu der wir gehörten, eine Ecke zum Verkauf meiner Handarbeiten anmieten konnte. Sogar eines der Schaufenster durfte ich mit meinen Nepalartikeln dekorieren. Dazu gab es dort noch Artikel aus Israel und Äthiopien. Ich bin Barbara Haupt, der Leiterin von »Mazel Tov«, und allen freiwilligen Mitarbeiterinnen sehr dankbar, dass sie mit dazu beigetragen haben, Kinder in Nepal zu unterstützen durch ihren Einsatz hier in Deutschland hinter der Theke und im Laden. Dadurch, dass sie den Verkauf auch übernahmen, setzten sie mich frei, mich anderen Dingen zu widmen.

In dem Laden traf ich so viele hilfsbereite Menschen mit offenen Herzen! Einmal war ich damit beschäftigt, mein Schaufenster zu putzen, als ein Geschäftsmann, der auf der Durchreise war, neben mir stehen blieb und meinen Nepal-Flyer studierte, der vor der Tür auslag. »Das ist für Sie und Ihre Arbeit«, meinte er, als ich gerade den Lappen ins Wasser warf. Mit diesen Worten drückte er mir Geld in die Hand, grüßte und ging weiter.

Nach und nach kamen immer mehr Anfragen von Vereinen und Klubs dazu, Vorträge über Nepal zu halten. Manchmal waren darunter auch Veranstalter ohne religiösen Hintergrund dabei. Mit Fotos und Filmen stellte ich mein Heimatland und meine Hilfsdienste in Nepal vor und erzählte dabei stets auch kurz meine Geschichte – so wie auf den Märkten.

Auf diese Weise erfüllten sich die Worte der Einladung, die Thomas zu Beginn unserer Beziehung in Nepal ausgesprochen hatte, als es darum ging, mich nach Europa einzuladen. »Komm als Missionarin nach Deutschland!«, hatte er gesagt – damals sehr zur Erheiterung meiner Verwandten. Doch Gott hat mich genau auf diese Weise in den Jahren in Herrnhut gebraucht. Bei unzähligen Märkten und Vorträgen kam ich mit vielen suchenden und fragenden Menschen ins Gespräch und konnte ihnen bezeugen, wie Jesus einen Unterschied in meinem Leben gemacht hat. Von dem zu reden, wer Jesus ist und was er getan hat, ist mir eine große Freude und erfüllt mich zutiefst. Es ist Gottes Berufung für uns, in alle Welt zu gehen und von dem zu zeugen, was er getan hat. Das bedeutet auch manchmal, die eigene Komfortzone hinter sich zu lassen und Risiken einzugehen. Aber es lohnt sich!

Bevor ich nach Deutschland gekommen war, hatte ich genauso wie meine Verwandten gedacht, dass die Menschen in den Ländern des Westens glücklich und erfüllt sein müssten, weil sie alles haben: Religionsfreiheit, Menschenrechte, Gerechtigkeit zwischen den Geschlechtern, ein sicheres Sozialsystem sowie Intelligenz und Reichtum. Doch nachdem ich nun so lange in Deutschland lebe, sehe ich auch, wie Wohlstand und soziale Sicherheit allein nicht die Erfüllung bringen. Viele Menschen hier, die alles besitzen, sind dennoch innerlich zerbrochen, fühlen sich einsam, krank, depressiv, sind enttäuscht von ihren Familien und leben ein unerfülltes Leben, weil sie die Quelle wahrer Lebenserfüllung nicht kennen. Ihr Zustand erinnert mich daran, wie zerbrochen meine Familie einst war und wie schrecklich unser Leben war, bevor wir Jesus kannten. Dann begegneten wir Jesus und seiner Liebe und das veränderte alles. Heute leben meine Familienmitglieder ein erfülltes Leben, das einen großen Unterschied macht für das Dasein der Menschen um sie herum.

Ich stehe vor den Resten der Berliner Mauer in der East Side Gallery. Ich bin bewegt von diesem geschichtsträchtigen Ort. Meine Augen schweifen umher, bis sie an einem an die Mauer gemalten Schriftzug hängen bleiben:

> Viele kleine Leute, die an vielen kleinen Orten viele kleine Dinge tun, können das Gesicht der Welt verändern.
> *Afrikanische Weisheit*

Mein Interesse ist geweckt. Ich bin von Natur aus auch eher klein und der Spruch fällt mir direkt in mein Herz. Mein Engagement, auch wenn es noch so klein ist, trägt dazu bei, das Gesicht der Welt zu gestalten. Mein Herz geht auf und in mir formt sich eine Offenbarung.

Wenn wir Christen gemeinsam aktiv sind und das tun, was Gott uns zeigt – und sei es noch so klein –, dann geschieht etwas Großartiges: Das Reich Gottes wird vor unseren Augen sichtbar.

Wenn jeder in seine Position kommt und sein »klein« einbringt, egal ob reich oder arm, hell- oder dunkelhäutig, groß oder klein, dann geschieht bleibende Veränderung. Für die Welt mag einiges davon bedeutungslos erscheinen, aber im Reich Gottes ist es von großer Bedeutung. Schlussendlich ist es Gott, der durch uns die Welt verändert.

Ich bin dankbar für die unzähligen jungen sowie auch älteren Christen aus Deutschland und aller Welt, die bereit waren, in mein Heimatland zu reisen, um den Menschen die gute Botschaft zu bringen und das Gesicht Nepals zu verändern. Hunderte von Einsatzteilnehmern haben sich aufgemacht, viele saßen in unserem Wohnzimmer, ließen sich ausrüsten und zogen los. Und Einsätze in Nepal sind nicht immer ein Zuckerschlecken! Das weiß jeder, der dort mit einem schweren Rucksack auf dem Rücken unter einfachsten Bedingungen durch die Berge gezogen ist … Aber es ist jeden Schweißtropfen wert! Mein Herz brennt dafür, Menschenleben durch die Kraft Gottes verändert zu sehen. Das ist für mich das Wichtigste und die »richtige Perspektive«, ganz gleich, ob ich in Deutschland oder in Nepal im Einsatz bin.

Es ist eine Zeit des Umbruchs. Das spüren wir. Unser Dienst und die Mission in Nepal werden weitergehen, aber wir empfinden, dass Gott neue Ufer hat, zu denen wir aufbrechen dürfen. Nach 17,5 Jahren ist es für uns im März 2022 an der Zeit, Herrnhut zu verlassen.

Uns zieht es in die Heimat von Thomas, wo seine ganze Familie lebt. Wir beten für ein Haus und Gott tut ein Wunder. Denn wir finden ein Haus in Breisach am Rhein und sind Gott einfach nur dankbar für seine Führung und Versorgung.

Jetzt gilt es, Abschied zu nehmen.

Wir haben drei verschiedene Abschiedsfeiern: eine mit unserer JMEM-Gemeinschaft, eine mit unseren engen persönlichen Freunden und die letzte mit der Gemeinde. Bei Letzterem kommt nach dem Gottesdienst plötzlich ein Mann auf mich zu, der in Herrnhut zu Besuch ist. Er spürt die Gegenwart Gottes und sagt, er habe eine Prophetie für mich, die ich aufnehmen solle, damit ich sie wieder hören kann. Gesagt, getan. Er redet davon, dass Gott bereits einen neuen Strom, eine neue Art des Dienstes für mich vorbereitet habe und ich solle mich auch darauf vorbereiten. Das hat mich sehr ermutigt und mir gezeigt, dass der Herr noch nicht fertig ist mit mir.

Ermutigung haben wir nötig, denn unsere Herzen sind schwer. Von dem Pionierteam von damals sind wir die Letzten, die noch da sind. Herrnhut ist uns so zur Heimat geworden. Nach all diesen Jahren, all den Wundern, die wir erlebten, wie Gott uns das Wasserschloss finden ließ und finanzierte, all den Menschen, die wir kennen- und lieben lernten, all den Freunden, die wir fanden, war es dran, Auf Wiedersehen zu sagen. Ein komisches Gefühl. Uns verbindet so viel mit Herrnhut, aber es war Zeit loszulassen.

Der Abschied fällt uns schwer. Thomas und ich sitzen im Auto, fahren los und danken Gott für unsere Zeit im Osten Deutschlands. Uns rinnen die Tränen von den Wangen und sie hören und hören nicht auf. Ich hätte nicht gedacht, dass der Abschied für mich so emotional und herausfordernd werden würde. Ich habe in meinem Leben so oft Abschiede gehabt und bin von Land zu Land gezogen, habe meine Familie verlassen und doch habe ich noch nie so viel geweint wie jetzt. Schweigend fahren wir nach Breisach. Ganz sanft merke ich in all dem Abschiedsschmerz, wie sich Gottes Trost ausbreitet. Gott meint es gut mit uns. Er ist unsere wahre Heimat, die wir niemals verlassen müssen.

Thomas und ich sind im Süden Deutschlands gut angekommen. Wir freuen uns, dass es in Freiburg inzwischen ein JMEM-Zentrum gibt. Meine Nepal-Dienste werden in Verbindung mit dem Zentrum in Herrnhut weitergehen. Wir fühlen uns als JMEM-Mitarbeiter untereinander verbunden, und beim Umzug packten die JMEM-Freunde von Freiburg tüchtig mit an.

Unser Haus bietet so viel Platz, dass sogar unser Sohn Jonny mit seiner kleinen Familie mit uns in das neue Heim einziehen konnte.

Dankbar schaue ich zurück auf all das, was Gott durch uns gewirkt hat in Herrnhut und darüber hinaus. Ich erinnere mich an unsere Tour nach Dhading Jharlang, wo wir waren, um ein Medical Camp dort durchzuführen …

18

MEDIZINISCHE HILFE IN WANDERSCHUHEN

Dhading Jharlang, Himalaya 2017

Es ist mühsam, medizinische Hilfe in ein Bergdorf zu bringen. Doch es ist mir ein Herzensanliegen. Dicht hintereinander wandern wir schweigend auf dem schmalen Bergpfad in den erwachenden Morgen. Noch vor Sonnenaufgang sind wir von unserer einfachen Herberge mit einer Gruppe von deutschen und nepalischen Ärzten und Krankenschwestern zu einem neuen Medical Camp aufgebrochen, um noch vor Sonnenuntergang ein entlegenes Bergdorf zu erreichen, in dem der Einsatz am nächsten Tag geplant ist. Die einheimischen Träger mit den Medikamenten auf dem Rücken haben uns längst zurückgelassen.

Hier oben gibt es weit und breit keine medizinische Versorgung. Meistens jedoch leiden die Menschen oder sterben sogar an Dingen, die eigentlich problemlos zu behandeln sind, wie etwa Durchfall, Bauch- oder Kopfschmerzen, Asthma, vereiterte Wunden und Zahnschmerzen.

Die Aussicht, zu helfen und etwas Sinnvolles zu tun, beflügelt das internationale Einsatzteam und lässt auch die Teilnehmer aus der westlichen Welt die einfachsten Unterkünfte, dürftige Hygiene, ungewohntes Essen, durchwachte Nächte und andere Strapazen ertragen. Gerade für Einsatzteilnehmer, die zum ersten Mal dabei sind, ist das oft herausfordernd.

Auch an diesem Morgen läuft nicht alles nach Plan, und die Stimmung droht zu sinken. Ein fehlendes Frühstück wird dieses Mal zur Bewährungsprobe. Aus Zeitgründen haben wir nur schnell einen Tee mit Milch zu uns genommen. »Esst ja nicht im Hotel, sonst kommt ihr nie los!«, hatte mich mein Kontaktmann gewarnt. Er empfahl mir einen Imbiss-Platz, den wir nach etwa einer Stunde erreichen sollten. Doch als dieser nach zwei Stunden immer noch nicht auftaucht, werde ich zunehmend nervös. Bei meinen tapferen Mitstreitern knurren langsam die Mägen. Die ersten Teilnehmer haken bereits nach, wie lange es noch dauern würde. Die Nepalesen beklagen sich nicht. Sie sind es gewohnt, dass nicht alles vorhersehbar läuft. Doch um das Wohlbefinden meiner ausländischen Einsatzkräfte mache ich mir besonders Gedanken …

Erleichtert atme ich auf, als wir nach drei Stunden Fußmarsch endlich das versprochene einfache Restaurant erreichen. Von den Wirtsleuten erfahre ich, dass die Träger bereits eine Stunde vor uns hier gefrühstückt hätten. Nun dämmert mir, worin der Planungsfehler meines Kontaktmanns lag: Er hatte die Wanderzeit zur Vesperhütte anhand der Laufgeschwindigkeit der durchtrainierten nepalischen Träger kalkuliert und nicht bedacht, dass mein Einsatzteam länger brauchen würde. Dennoch erreichen wir plangemäß vor Sonnenuntergang das Dorf, in dem am nächsten Tag das Medical Camp stattfinden soll.

Um ihre Kräfte und ihre Gesundheit zu schonen, weise ich in der Unterkunft den Europäern die besten Zimmer zu und lege mich selbst in der Küche neben die Feuerstelle. Als ich etwas später meine Matte verschieben will, stelle ich fest, dass sich darunter ein Zoo von Insekten versammelt hat. »Mein Gott, was tun?« Mit einem Schrei springe ich auf. Panisch kehre ich das Ungeziefer in eine herumstehende Pfanne hinein und werfe die Insektenschar vor die Tür. In dieser Nacht mache ich kein Auge mehr zu! Auch wenn es für mich herausfordernd ist, erinnere ich mich: Ja, es war Gottes besondere Führung, dass ich mich mit dem Einsatzteam gerade in diesen Winkel der Welt, nach Dhading Jharlang, aufgemacht habe.

Normalerweise suchen meine Kontaktpersonen in Nepal die Orte für die medizinischen Hilfseinsätze aus. Nicht immer ist eine tagelange Wanderung nötig. Viele Einsatzorte sind auch per Jeep erreichbar, auch wenn die Anfahrt Stunden dauert. Vor dem Einsatz in Dhading Jharlang hatte ich einige Zeit zuvor gebetet: »Herr, wohin soll ich mit dem nächsten Medical Camp gehen?«

Als ich dann in Kathmandu war, lief im Wohnzimmer meiner Schwester Devki im Fernsehen eine Dokumentation über die harten Lebensbedingungen in einem schwer zugänglichen Ort in den Bergen. Das bewegte mich, doch ich vergaß es wieder. Am nächsten Tag lief der Film wieder, und ich fragte mich, ob Gott mich auf dieses Dorf aufmerksam machen wollte. Als ich den Bericht zum dritten Mal zufällig sah, war ich mir sicher, dass ich mit dem Team dorthinsollte, und begann zu recherchieren, wo es sich genau befand.

Wie immer warten an dem Morgen, an dem ein Hilfseinsatz stattfindet, lange Schlangen von Menschen auf uns. Offizieller Beginn ist um 9 Uhr, doch bereits zwei Stunden davor stehen Unzählige an. Wegen des großen Andrangs – oft sind es über 250 Menschen am Tag – brauchen wir viel Platz. Meist stellt uns die Ortsverwaltung eine Schule oder ein Zelt zur Verfügung und macht den Termin bekannt. Heute ist es ein großes Haus in der Dorfmitte.

Als Erstes müssen sich Frauen, Kinder und Männer in getrennten Reihen zur Registrierung aufstellen – bis zu 1 000 Anmeldekarten haben wir für die vier Tage Medical Camp im Gepäck. Jeder muss zumindest mit einem Daumenabdruck bestätigen, dass er freiwillig behandelt wird.

Während ich die Schreibkräfte und Ordner im Blick behalte, sorge ich dafür, dass die verschiedenen Ärzte mit ihren Assistentinnen die Behandlung beginnen können. In einem Raum ist der Zahnarzt, im anderen der allgemeine Arzt. Gibt es einen besonderen Problemfall, werde ich dazugeholt und muss als Verantwortliche entscheiden, was mit einem Patienten weiter geschehen soll. Mir ist dabei bewusst, dass ich für Behandlungsfehler zur Rechenschaft gezogen werden kann.

Einmal hatten wir beispielsweise ein Mädchen, das nach einer Zahnbehandlung eine starke Schwellung bekam, und wir entschieden, sie zur weiteren Beobachtung zum nächsten Einsatz ins Nachbardorf mitzunehmen. Nach vier Tagen konnten wir sie beruhigt nach Hause schicken.

Kinder und alte Menschen kommen zuerst dran. Während ich sie hineinwinke, behalte ich auch die Theke mit der Medikamentenausgabe im Blick. Wenn nur einer der Mitarbeiter eine Pause macht, laufen die Dinge schnell aus dem Ruder. Manchmal stürzen sich ganze Menschentrauben auf die Schreibkräfte bei der Anmeldung oder in der Medikamentenausgabe. »Ich zuerst!«, heißt es dann. »Nein, ich war zuerst da!« Doch heute läuft es gut.

»Was ist dein Problem?«, höre ich eine der Mitarbeiterinnen einen alten Mann in der Reihe fragen. »Meine Augen!« Er blinzelt.

Die Assistentin zuckt mit den Achseln. »Da können wir dir leider nicht helfen. Wir haben keinen Augenarzt, bitte geh weiter!« Doch der Alte lässt sich nicht abschütteln. Sofort hat er ein neues Leiden, wie die meisten, die wir mit Sehproblemen abweisen müssen. Viele der älteren Menschen leiden hier an grauem Star. Doch das Team ist nicht in der Lage, sie zu behandeln, und muss sie auf die Augenärzte in der nächsten Stadt verweisen. Auch Frauen mit Unterleibsproblemen oder Menschen mit Tumoren oder Krebs schicken wir zur Weiterbehandlung zu Fachärzten. Dazu halten wir Adressen bereit.

Immerhin können wir bei den Medical Camps eine Behandlung für die Zahnprobleme anbieten. Auch in Dhading Jharlang hat der Zahnarzt – er ist ein nepalischer Christ und guter Freund aus Kathmandu – und sein Team viel zu tun. Unzählige verfaulte Zähne werden gezogen, Wunden und Zähne gereinigt sowie der Einsatz von Zahnbürste und Zahnseide erklärt. Vielen Menschen fehlt grundlegendes Wissen über Zahnreinigung. Darum gehören zu jedem Einsatz auch eine Gesundheitsberatung und Aufklärung über Hygiene und Vorsorge.

Vor allem in den Mündern der kleinen Patienten herrschen oft erschreckende Zustände. Sobald die Kinder beim Zahnarzt fertig sind, nehme ich sie zur Seite und unterrichte sie im Zähneputzen. Sie strahlen, als sie alle eine Zahnbürste samt Zahnpasta mit nach Hause nehmen dürfen. Die Zahnbürsten sowie weitere kleine Geschenke, wie Hefte, Stifte und Radiergummis, haben unsere Helfer aus Deutschland mitgebracht. Medikamente kaufen wir ausschließlich in Nepal.

An diesem Einsatztag läuft alles wie am Schnürchen. Darum beschließe ich irgendwann, mich für eine kurze Pause in meine nahe Unterkunft zurückzuziehen, denn mir ist klar, dass sich die Reihen vor Sonnenuntergang nicht auflösen werden. Nach mehreren schlaflosen Nächten bin ich hundemüde und mich plagen Bauchschmerzen. Kaum habe ich mein Hotel erreicht, sehe ich, wie sich eine alte Frau gebeugt den Berg hinuntertastet. Sie scheint schlecht zu sehen und ist allein unterwegs.

Aus der Ferne höre ich ihre Hilferufe. Sie rudert mit den Armen. Das Gelände vor ihren Füßen ist unwegsam und gefährlich. Lediglich ein paar unregelmäßig behauene Steine dienen als Treppe ins

Dorf hinab. Seufzend springe ich auf und laufe ihr ein paar Schritte entgegen. »Wo willst du hin?«, rufe ich ihr zu.

Die Antwort ist wie erwartet. »Zum *Sibir*!« Dies ist die Bezeichnung für unser Medical Camp. Eifrig redet die Alte auf mich in einer mir unbekannten Tamang-Sprache ein. Ich winke einen jungen Mann herbei und bitte ihn zu übersetzen.

»Wie lange bist du gelaufen?« Langsam helfe ich ihr die Stufen hinab.

»Eine Stunde.«

»Wo lebst du?«

Die Alte zeigte den steilen Berg hoch.

»Hast du keine Kinder, die dich begleiten können?«

Schnaubend winkt sie ab. »Nur einen Sohn, der dem Alkohol verfallen ist.«

Ich schlucke. Die harten Schicksale dieser Menschen in den Bergen machen mich immer wieder betroffen. »Warum kommst du zum Sibir?«

Inzwischen weiß sie, dass ich zum Team gehöre. »Meine Augen! Ich sehe kaum noch.«

»Da können wir dir leider nicht helfen. Hast du noch ein anderes Problem?«

Sie zeigt auf ihr Knie. Ich tätschele ihre Hand und setze sie auf die Holzbank vor meiner Unterkunft. »Setz dich für einen Moment. Der Arzt wird nachher ein Medikament für dich haben!« Ich lasse ihr aus der kleinen Lodge etwas zum Essen bringen und begleite sie anschließend zu unserem Einsatzteam.

Das Bild von der Hand der Alten in Dhading Jharlang, die sich nach Hilfe ausstreckt, brennt sich in mein Herz ein. Es erinnert mich an die Worte Jesu aus Matthäus 25,35-36, wo er davon spricht, dass er nackt, durstig, hungrig, schutzlos und krank war:

> Denn ich war hungrig, und ihr habt mir zu essen gegeben. Ich war durstig, und ihr gabt mir zu trinken. Ich war ein Fremder, und ihr habt mich in euer Haus eingeladen. Ich war nackt, und ihr habt mich gekleidet. Ich war krank, und ihr habt mich gepflegt. Ich war im Gefängnis, und ihr habt mich besucht.

Die Gerechten fragen daraufhin erstaunt, wann sie Jesus all dies Gute getan hätten. Seine Antwort ist für mich ein Ansporn, immer wieder aufs Neue diese herausfordernden Camps zu organisieren und den Menschen auf diese Weise die Liebe Gottes nahezubringen:

> Ich versichere euch: Was ihr für einen der Geringsten meiner Brüder und Schwestern getan habt, das habt ihr für mich getan!
> *Matthäus 25,40*

Millionen von Menschen strecken uns als Christen die Hand entgegen wie diese alte Frau. Sie leiden, weil sie krank, arm, fremd oder eingesperrt sind. Jesus identifiziert sich mit diesen Hilfsbedürftigen und wenn wir unserer Verantwortung nachkommen und ihrer Not begegnen, dann dienen wir damit unserem Gott. Liebe muss sich in Aktion zeigen. Bei den Medical Camps geht es mir aber nicht in erster Linie um den sozialen Aspekt. Das Wichtigste ist mir, dass Menschen von der Liebe Gottes erfahren und sie praktisch erleben. Nur dies verändert Herzen! Darum erzähle ich Patienten meine Geschichte. Oft biete ich Einzelnen Gebet an, was viele gerne annehmen.

Möglich sind diese Hilfseinsätze nur durch die freiwilligen Helfer aus Deutschland, Nepal und aus aller Welt, die ihr medizinisches Fachwissen ehrenamtlich zur Verfügung stellen. Einer der deutschen Mediziner, der damals drei Stunden bis zum Frühstück wandern musste, war beim nächsten Einsatz trotzdem wieder dabei! Die widrigen Umstände schmälerten seine Hilfsbereitschaft nicht.

Nicht alle Teilnehmer motiviert bei den Camps der christliche Glaube so wie mich. Manche wollen einfach etwas Gutes tun und es mit einem schönen Urlaub verbinden. Darum organisiere ich rund um ein Medical Camp oft noch Trekkingtouren und Sightseeing für die Teams aus dem Ausland. Wer motiviert ist, mit anzupacken, den nehme ich gerne mit.

Hilfe brachten wir nicht nur den Menschen in den entlegensten Dörfern, sondern auch in der eigenen Familie. Im August 2021 erkrankte meine Mutter an Corona. Meine Familie und ich machten uns große Sorgen. Wir hatten innerhalb des letzten Jahres schon drei Familienangehörige durch verschiedene Krankheiten verloren und wollten nicht noch einen geliebten Menschen verlieren.

Unsere Sorge war auch, dass – falls unsere Mutter an Covid-19 sterben sollte – ihre Leiche einfach in einem Plastiksack im Müll entsorgt werden würde, anstatt mit einem würdevollen Begräbnis unter die Erde gebracht zu werden. Das wollten wir auf gar keinen Fall. Und überhaupt sollte es erst gar nicht so weit kommen.

Ich konnte bis 2 Uhr morgens nicht einschlafen vor lauter Sorge und Angst und ich weinte viel in dieser Nacht. Innerhalb eines Jahres waren zahllose Nepalesen gestorben. Darunter auch viele Bekannte von mir, Pastoren und Älteste. Ich hatte so vielen Kranken durch die Medical Camps helfen können. Sollte ich jetzt meiner eigenen Mutter nicht beistehen können? Was sollte ich tun?

Ich beschloss, so schnell wie möglich nach Nepal zu fliegen. Sobald ich ankam, eilte ich ins Krankenhaus. Als ich dort war, spürte ich, dass ich meine Mutter nach Hause bringen musste. Also veranlasste ich alles Notwendige und konnte sie am nächsten Tag nach Hause bringen. Meine Nichte erkundigte sich nach dem Ergebnis des tagesaktuellen Coronatests ihrer *Boju* – ihrer Großmutter – und kam mit dem Zettel in der Hand und einem lächelnden Gesicht zurück: »Boju ist außer Lebensgefahr! Die Infektion ist vorbei!« Wir atmeten alle auf.

Doch die Gefahr war noch nicht ganz überstanden. Meine Mutter hatte sich den Rücken wund gelegen, sie litt an massiver Verstopfung und auch die Einstichstelle des im Krankenhaus gelegten Katheters führte zu weiteren Infektionen. Doch auch hier schenkte Gott Gnade und durch Salben, Medikamente und genug Flüssigkeit erholte sich meine Mutter und wurde wieder gesund.

Ich war dankbar, dass Gott mich auch dieses Mal als Hilfe gebraucht hatte – diesmal für meine eigene Mutter und ohne Wanderschuhe.

Es ist immer wieder erstaunlich zu sehen, was aus meiner damals alkoholkranken und innerlich zerrissenen Mutter geworden ist und wie Jesus sie veränderte und ihr Frieden gab. Wenn man bedenkt, wo sie herkam und wie tief verloren sie war, denke ich. Während ich den Gedanken nachhing, spürte ich, dass es an der Zeit war, in die Vergangenheit zu reisen, zu den Wurzeln meiner Familie: Chuchure.

19

DAS ERBE MEINER VORFAHREN

Chuchure, Dorf im Himalaya August 2022

Ich fliege – unter mir glitzert ein dichtes Wolkenmeer. Noch ist laut Kalender die Regenzeit, und die Schleier des Monsuns verbergen die atemberaubende Schönheit der Natur.

Plötzlich lässt mich etwas Helles am Horizont die Augen im Flugzeug zusammenkneifen: Wie eine leuchtend weiße Kette ragen die Riesen des Himalaya-Gebirges im Sonnenaufgang aus der Wolkendecke heraus.

Der Anblick der schneebedeckten Bergriesen ermutigt mich, dieses Mal noch eine ganz besondere Reise in den Himalaya zu wagen, die ich noch nie zuvor unternommen habe. Ich will mich auf die Suche nach meinen Wurzeln machen und in das Bergdorf fahren, aus dem meine Vorfahren stammen und in dem meine Mutter so gelitten hat, bis meine Eltern es hinter sich ließen. Etwas tief in mir will ergründen, was sie vor rund 60 Jahren bewegt hat. Ob sich die Gebräuche, Denkweisen, Traditionen und religiösen Riten inzwischen verändert haben?

Kurz nach meiner Ankunft rufe ich meine älteste Schwester Nariwal an, um sie zu fragen, ob sie bereit wäre, mit mir zu kommen. Immerhin hat sie dort 14 Jahre mit meinen Eltern und den ältesten Geschwistern gelebt. Doch kann ich einer Frau mit Mitte siebzig eine zwölfstündige Reise über holprige Straßen in die Berge im Nordosten des Himalayas zumuten?

»Was willst du dort?« Nariwals Stimme lacht erstaunt durch das Handy.

»Ich möchte Mutter und ihr Leben früher besser verstehen können«, erzähle ich meiner Schwester, die 21 Jahre älter ist als ich. »Mich interessiert, woher unsere Familie stammt und wie sie gelebt hat.«

»Ich komme mit!« Nariwal klingt sofort begeistert. »Dann kann ich Salomi besuchen! Und unsere Verwandten, du weißt doch ...« Die Ideen sprudeln, während ich erleichtert aufatme. Meine Schwester hat noch ein paar Kontakte ins Dorf, und dies wird auch mir die Türen öffnen. Ohne Kontaktperson ist es schwierig in einem fremden Dorf. Das beginnt schon bei der Anfahrt – stets muss man sich durchfragen. In einem Land ohne Straßennamen und Hausnummern ist man auf Hilfe angewiesen.

Unsere Reise in den Himalaya beginnt zu früher Morgenstunde in den engen Gassen von Kathmandu. Ein Rudel Straßenhunde kläfft uns hinterher, als wir mit einem Rucksack voller Geschenke – vor allem Tütensuppen und Brühwürfel aus Deutschland – in den vollbesetzen Jeep steigen, der uns auf den äußerst schlechten Straßen die nächsten 200 Kilometer mitnehmen wird.

Der Fahrer drängt zur Eile, ein Streik droht wieder einmal die Straßen der Millionenstadt lahmzulegen. Bis jetzt ist vom Gewühl der Motorräder, Taxis, Busse und Lastwagen nichts zu spüren, als wir uns im Dunklen an den Straßensperren vorbei aus der Hauptstadt schlängeln.

Die Straße windet sich immer höher hinein in die grünen Berge. Immer näher rücken die blauen Tupfen der Dorfdächer an den Hängen, die verstreut zwischen den Terrassenfeldern liegen. Ob das Haus meines Großvaters auch so waghalsig in den Abhang gebaut war wie einige hier – vielleicht sogar auf Stelzen über dem Abgrund? Wie viel würde nach all den Jahren noch davon übrig sein? Ob es noch Verwandte gab, die darin wohnten?

Auf diese Fragen kann mir Nariwal keine Antwort geben – auch ihr letzter Besuch liegt etliche Zeit zurück. »Fragen wir in Chuchure unsere Kastenverwandten! Mit denen sind wir zwar nicht blutsverwandt, aber die fühlen sich für uns verantwortlich wie Verwandte.«

Inzwischen ist der Verkehr auf der schmalen Straße zur Kolonne angewachsen. Vor uns schaukeln Lastwagen und Busse voller Menschen. Fußgänger drücken sich am Straßenrand entlang – manche sind wie Packesel beladen mit frisch geschnittenem Grünfutter oder Holz. »Genau mit solchen Bastkörben waren wir auch immer unterwegs«, erzählt mir Nariwal von vorne, die auf dem Beifahrersitz neben dem Fahrer sitzt. »Mutter und Vater sind damit stundenlang gewandert. Fünf Tage dauerte es zu Fuß bis zum Markt in Kathmandu. Dort haben sie verkauft, was sie geerntet hatten, außerdem Butter sowie eine spezielle Rinde, auf die in Klöstern heilige Verse geschrieben werden.« Ich sehe den Lastenträgern hinterher. Ich weiß aus eigener Erfahrung, wie schwer jeder Schritt unter so einem Korb werden kann …

Stundenlang weicht der Jeep im Schritttempo Schlaglöchern aus, kriecht quer durch Gebirgsflüsse und krabbelt Hänge mit riesigen Steinbrocken hoch. Irgendwann beginnt es zu nieseln. Konzentriert klammert sich der Fahrer ans Lenkrad, während ihm keine andere Wahl bleibt, als meiner Schwester neben sich zuzuhören. Mit Feuereifer erzählt ihm die alte Dame, was ihr im Leben wichtig geworden ist. »Deine Statuen da, die helfen dir gar nichts.« Sie zeigt auf den kleinen Elefantengott, den er als Hindu auf dem Armaturenbrett befestigt hat. Ich schmunzle auf der Rückbank. Meine Schwester ist wie immer sehr klar in dem, was sie sagt.

Sie fing an, ihr Lebenszeugnis zu geben, beginnend mit ihrem Eheleben. »Meine Ehe war schrecklich, mein Mann hat mich geschlagen. Immer hat er getrunken, aber dann …«, höre ich Nariwal sagen. Heftiger Regen setzt ein und klopft an die staubigen Scheiben.

Je näher wir dem Bergdorf kommen, desto mehr kribbelt die Aufregung in meiner Magengrube. »Schau, in diesem Fluss haben wir gebadet! Dort haben wir gefischt und uns gewaschen!«, ruft mir meine Schwester vom Beifahrersitz aus zu. Ich sehe hinaus – doch der Regen erlaubt mir nur ein verschwommenes Bild durch das Fenster. Jetzt kann es nicht mehr weit sein.

Plötzlich bremst der Jeep ab. Kurz vor dem Ziel ist ein Bach zu einem reißenden Fluss angeschwollen, mit ratlosen Mienen starren wir in die braune Flut, die sich über Steine und Äste in die Tiefe stürzt. Was nun?

Als ein Lastwagen durchpflügt, will unser Fahrer es ebenfalls wagen. Eigentlich würde ich lieber zu Fuß über die schmale Hängebrücke aus Metall daneben gehen, aber aussteigen ist keine Option. Es kommt auf das Gewicht von jedem der elf Insassen an – auch wenn viele Nepalesen, so wie ich, eher von zierlicher Statur sind. So halte ich die Luft an und spreche ein Stoßgebet. Die Spritzer der braunen Brühe bedecken für einen Moment unsere Fenster. Dann atmen wir auf.

Willkommen in der Heimat meiner Vorfahren! Mein Handy meldet mir, dass wir uns in 75 Kilometer Luftlinie vom Mount Everest befinden.

Das kleine Hotel mit dem Namen »Buddha Lodge« gehört Verwandten, die uns überschwänglich empfangen. Ich bin gespannt, was sie mir über meine Vorfahren erzählen. Die Gastgeberin zeigt auf den großen Stupa gegenüber, der von weiß getünchten Mauern mit Gebetsmühlen umgeben ist und von dessen Spitze aus sich zahllose Schnüre mit Gebetsfahnen spannen. »Von deinen Vorvätern erbaut!« Sie strahlt mich an. Ich versuche, höflich zu lächeln, während der Regen wieder stärker einsetzt.

Kurz nachdem wir unsere Koffer in den Hotelzimmern verstaut hatten, gingen meine Schwester und ich zum Pastor in diesem Ort. An unserem Ankunftsabend unterhielten meine Schwester und ich uns bis Mitternacht. Obwohl wir zwölf Stunden mit dem Fahrzeug unterwegs gewesen waren, waren wir noch frisch und vor Freude nicht müde.

»Weißt du, wir werden unsere Verwandten treffen. Und dann werden wir ihnen von Jesus erzählen und für sie beten. Wir sind nicht nur hierhergekommen, um Chuchure zu sehen, sondern auch, um das Evangelium zu bringen.«, erklärt mir meine Schwester freudig. Ich nicke.

»Unsere Verwandte Salomi kenne ich schon mehr als 30 Jahre. Wir lernten uns in Kathmandu kennen und schon damals erzählte ich ihr von Jesus. Sie ging in eine Kirche, um mehr über Jesus zu lernen, und vertraute sich ihm schließlich an. Als sie wieder zurück ins Dorf musste, gab es dort keine christliche Gemeinschaft, der sie sich anschließen hätte können«, berichtet sie weiter.

»Was ist dann passiert?«, frage ich neugierig nach.

»Eines Tages sah sie eine Mutter, die einen kranken Jungen trug und dringend Hilfe brauchte, um ihn ins Krankenhaus zu bringen. Dieser Junge hatte Schmerzen im Hals. Er hatte ein Geschwür, das sogar von außen sichtbar war. Spontan fragte Salomi die Mutter, ob sie für den Jungen beten dürfe. Die Mutter erlaubte es. Am nächsten Tag hörte Salomi, dass es dem Jungen besser ging. Er hatte wohl am Abend zuvor direkt nach dem Gebet etwas erbrochen, was aussah wie das Geschwür. Die Nachricht verbreitete sich im ganzen Dorf, und danach kamen einige Kranke zu ihr und baten sie um Gebet für Heilung.«, führt sie die Geschichte zu Ende.

Ich bin sehr ermutigt, diese Geschichte von Salomi zu hören. Gott kann einfache Menschen gebrauchen, um in seinem Namen Wunder zu tun und Bedürftigen zu helfen.

»Weißt du, Eli, auch heute wirkt Gott durch uns, wenn wir ihn um Heilung bitten. Durch das, wie Gott Salomi gebrauchte, entstand im Nachbardorf mit der Zeit sogar eine Gemeinde. Ist das nicht herrlich?«

Das ist es durchaus. Ich freue mich schon, Salomi morgen persönlich kennenzulernen.

Unser Kontaktmann Jingpa, der Kastenverwandte, holt uns am nächsten Tag voller Freude mit seiner Mutter Salomi im Hotel ab. Nariwal und ihre Freundin haben sich viel zu erzählen. Die beiden alten Damen gehen schon voraus ins Haus der Verwandten. Ich dagegen bitte Jingpa, mir zu zeigen, welche Spuren es noch von meiner Familie gibt. So machen wir uns gemeinsam auf den Weg.

Die Landschaft tritt mir nach dem nächtlichen Regenguss wie reingewaschen entgegen. Ich staune über die Schönheit der Berge, den kristallklaren Fluss, der das breite Tal durchfließt, und die grünen Reisfelder, die auf Terrassen die grünen Hügel der anderen Uferseite erklimmen. Sogar eine Truppe von Affen ist dort zu entdecken.

Der Weg führt am Wasser entlang und ist kunstvoll mit Natursteinen gepflastert. Hier könnte es gewesen sein, denke ich plötzlich. Vielleicht ist meine Mutter an diesem Fluss als junge Frau so heftig von ihrer Schwiegermutter geschlagen worden. Für einen Moment schwappt die traurige Erinnerung wie ein kalter Wasserschauer über mich.

»In diesem Fluss hat dein Großvater von Kind an gefischt«, erzählt mir unterdessen mein Wanderführer fröhlich. »Und schau – dort stand sein Haus!« Jingpa zeigt auf eine grüne Wiese am Hang, auf der zwei Kühe grasen, festgebunden an einem Pflock. Schade, vom Haus ist nichts mehr zu sehen. Sicher sah es ähnlich aus wie die anderen Häuser des Bergdorfes aus Natursteinen, die sich mit ihren üppig grünen Gemüsegärten in das Auf und Ab der Landschaft einfügen. Das Rauschen des Flusses und Vogelgezwitscher erfüllen die Luft. Eine Herde Ziegen springt uns entgegen.

Mein Kastenverwandter spürt meine Enttäuschung. »Komm, ich kann dir etwas zeigen, das von deinen Ahnen übrig geblieben ist!« Er nimmt mich mit zu einem alten Stupa, von dem nur noch der weiße Sockel steht – die Säule ist vom Winde verweht. Ich drücke das Gras zur Seite und finde eine lose Tafel, auf der mein Urgroßvater einst seine Ehrfurcht vor den Göttern eingraviert hat. Ein paar Meter entfernt entdecke ich eine alte gemalte Tafel, auf der ein Reiter auf einem Pferd sitzt. Ich bin seltsam berührt von dem, was ich finde. Einerseits spüre ich Verbundenheit mit meinen Vorfahren, fühle, dass mein Leben in diesen Bergen Wurzeln hat, andererseits fühle ich mich nicht mehr zugehörig. In mir schaukeln widersprüchliche Gefühle.

Jingpa ist mit seiner Führung noch nicht fertig – es gebe noch etwas Wichtiges am Dorfrand, meint er. Doch auf dem Weg dorthin machen wir einen Abstecher zur Hütte seiner Eltern, die sich zwischen Berg und Bach an den Hang schmiegt. Wir erreichen das kleine Haus nur über einen Trampelpfad, auf dem ein paar Hühner scharren.

Es besteht, wie viele andere hier, aus zwei Zimmern mit Lehmboden und unverglasten Fenstern. Daneben befindet sich eine Hütte mit geflochtenen Wänden, die als Küche dient. Hier lagert die Familie ihre trockenen Vorräte in Gefäßen und kocht an einer

Feuerstelle, an einem selbst gemauerten Herd oder am Gaskocher. Es gibt weder Kühlschrank noch Badezimmer, lediglich ein Brunnen vor dem Haus dient als Spülstein und Waschplatz.

Nariwal ist im Inneren eines Zimmers umringt von Frauen. Die ganze Familie ist versammelt mit Oma, Schwiegertochter und Enkelin sowie der Nachbarschaft. Besuch aus der Ferne ist etwas Besonderes. Und das, was sie zu sagen hat, ist selten zu hören und kostbar! Meine Schwester sagt mir, ich solle von Jesus erzählen, weil einige der Frauen noch nicht gläubig seien. Salomi stellt mich vor und ich fange an, mit großer Leidenschaft zu predigen.

Mit leuchtenden Augen hängen die Menschen an meinen Lippen. Innerlich bete ich, dass Jesus diesen Menschen begegnet und sie die Liebe Gottes erleben. Mutig erzähle ich davon, wer Gott ist und was er getan hat. Sie hören aufmerksam zu. Als ich fertig geredet habe, geht es schnell ins Alltägliche über und uns wird das Essen serviert. Nach einem zweiten Frühstück mit dem traditionellen Linsengericht *Dal Bhat* nimmt mich Jingpa mit zum Eingang des Dorfes, wo mich auf einer Anhöhe die Vergangenheit meiner Familie in Form eines rot getünchten kleinen Häuschens empfängt, geschmückt mit bunten Gebetsfahnen, die verwittert im Wind flattern. Es ist das buddhistische Heiligtum, *Tamang Gumba*, das mein Uhrgroßvater als priesterlicher Lama erbaut hat und von Nachkommen gepflegt wird.

Eine zarte alte Frau, traditionell gekleidet wie einst meine Mutter in einem Lungi-Wickelrock, gebundener Bluse, einer weißen Bauchbinde und großen Ohrringen, trägt ein Tablett mit Messingkrügen aus der offenen Tür des Schreins heraus. Als sie uns bemerkt, verziehen sich die Falten ihres wettergegerbten schmalen Gesichts zu einem Lächeln. »Namaste!« Sie stellt das Tablett auf eine nahe Mauer vor ihrem Wohnhaus neben dem Schrein, legt die Hände aneinander und grüßt uns.

Wie sich herausstellt, ist die Alte die Hüterin des Schreins und trägt den Namen Mangali. Gänsehaut kriecht mir über den Rücken, als ich durch die Türe zwei Banner mit den Fotos meiner Urgroßmutter und meines Urgroßvaters im dunklen Inneren erspähe. Gelbe und rote Tücher sind sorgfältig darumgelegt. Die Verwandte erlaubt mir, durch die Holztür in das Erbe meiner Väter einzutreten.

Fremd starren mich im fensterlosen Raum die schwarzen Augen der menschengroßen geschnitzten Göttergesichter mit ihren Reißzähnen über den Fotobannern an. Der hölzerne Altar dazwischen hat verschiedene Stufen, auf denen große und kleine Opfergefäße, ein langes Horn sowie in Tücher eingeschlagene heilige Schriften aufeinanderliegen. Aus einer Schale ragt ein Bündel Zweige, mit dem Flüssiges versprengt werden kann, daneben ein Topf mit gerollten Geldscheinen. Darüber hängt eine lederbespannte Handtrommel, wie Schamanen sie bei Beschwörungszeremonien benutzen. Ihr dumpfer Klang ist mir aus ferner Zeit noch im Ohr.

Die Malereien auf dem Holz zeugen vom Alter des Altars. Der ganze Raum ist mit Bildern und Symbolen aus der buddhistischen Götterwelt geschmückt. Ganz oben auf dem Altar sitzen in drei Vitrinen hinter Glas kunstvoll geschnitzte Statuen. In der Mitte thront Buddha. Die anderen beiden heben mit starrem Blick die Hand zum Gruß.

Mein Blick schweift im Heiligtum umher. Eine seltsame Schwere befällt mich. Einerseits spüre ich Ehrfurcht vor dem Werk, das meine Urgroßeltern hier einst in bester Absicht erschaffen haben, und doch findet mein Herz in ihrer Götterwelt keine Heimat mehr. Ich bringe diesen Statuen, die da über mir stehen, keine Anbetung mehr wie einst als Kind. Damals schienen sie mir lebendig, ich fürchtete mich vor dem Gedanken, ihnen zu missfallen.

Während ich also dort im Tempel stehe, bete ich leise, dass meine buddhistischen Verwandten und die Menschen in diesem Dorf die Wahrheit über Jesus erfahren. Ich stelle der Hüterin und Jinpa viele Fragen über den Bau der Gumba und auch über meine Vorfahren und sie erzählen gerne, was sie dazu wissen.

Ich hatte mich darauf vorbereitet, ihr von meinem Glauben zu erzählen, sobald sich eine gute Gelegenheit dafür bieten würde. Ich warte noch etwas und frage Mangali, wie es ihr geht.

Auf einmal fängt sie an, wie ein Baby zu weinen. Damit hatte ich nicht gerechnet. Ich war zutiefst berührt davon, wie zerbrochen sie innerlich ist. Nach außen wirkt sie so stark, doch innerlich war sie verzweifelt. Mein Herz ist ergriffen von lauter Mitgefühl.

Mir kommt Jesaja 61,1 in den Sinn:

> Der Geist Gottes, des HERRN, ruht auf mir, denn der HERR hat mich gesalbt, um den Armen eine gute Botschaft zu verkünden. Er hat mich gesandt, um die zu heilen, die ein gebrochenes Herz haben, und zu verkündigen, dass die Gefangenen freigelassen und die Gefesselten befreit werden.

»Herr, was willst du hier tun? Wie willst du sie erreichen?«, frage ich in meinem Herzen. Mangali führt mich zu ihrem Haus. Sie schluchzt noch eine ganze Weile und ich stehe einfach mit ihr da.

Als sie sich beruhigt, erzählt sie mir ihre Geschichte: »Ich bin innerlich so kaputt und leide. Ich hatte drei Kinder, zwei Jungen und ein Mädchen. Doch meine Tochter, die mir sehr nahestand, starb vor einem Jahr plötzlich an einer Krankheit. Mein anderer Sohn hat gesundheitliche Schwierigkeiten und zog weg, um in einer größeren Stadt Reha zu machen. Jetzt bin ich hier mutterseelenallein und weiß weder aus noch ein.«

»Hat dir schon mal jemand von Jesus erzählt?« fragte ich sie mitfühlend.

»Ich habe den Namen schon mal gehört, aber niemand hat mir dazu jemals mehr gesagt,« erwidert sie, immer noch aufgewühlt.

Das war die Gelegenheit! »Weißt du, Mangali, du erinnerst mich sehr an meine Mutter. Sie wuchs auch in diesem Dorf auf und lebte für die Götter ...«, beginn ich zu berichten und gebe Zeugnis davon, wie Jesus meiner Familie begegnet ist. Es ist das erste Mal, dass ich in dem Dorf meiner Vorfahren bin und ihnen von Jesus erzähle!

»... und so entschied sich meine Mutter, Jesus anzunehmen und mit ihm zu leben. Jetzt ist Frieden in ihrem Herzen! In Johannes 3,16 steht: ›Denn Gott hat die Welt so sehr geliebt, dass er seinen einzigen Sohn hingab, damit jeder, der an ihn glaubt, nicht verloren geht, sondern das ewige Leben hat.‹ Das gilt auch für dich persönlich. Er interessiert sich für dich und hat am Kreuz den Preis für unsere Sünden bezahlt. Er liebt dich und hat schon alles getan, damit du zu ihm kommen kannst,« beende ich meine kleine Predigt.

Sie wirkt nachdenklich.

»Wenn du noch mehr über Jesus hören möchtest, sprich gerne mit Salomi. Sie kann dir dazu noch mehr berichten. Wie fühlst du dich jetzt?«, frage ich sie.

»Ich wünsche mir diesen inneren Frieden,« sagte sie mit Sehnsucht in der Stimme.

Ich bete für sie und bitte Gott, dass sie die Wahrheit erkennt.

Als wir uns schließlich verabschieden und es Zeit ist, dieses Dorf zu verlassen, spüre ich eine große Dankbarkeit. Ich bin dankbar, dass Jesus mich errettet hat aus all dieser Finsternis und Dunkelheit des Glaubens an nichtige Götter. Ich bin dankbar, dass Gott mich geliebt und berufen hat, dass er ein Gott ist, der mich sieht und kennt. Ich bin dankbar, dass ich zurück an meine Wurzeln kommen darf, um meinen Ahnen von dem Leben mit Jesus zu berichten.

Ja, Jesus hat mich wahrlich aus dem Reich der Finsternis herausgerissen und versetzt in das Reich seines geliebten Sohnes.

EPILOG – DER SEGEN MEINER MUTTER

Kathmandu 2022

Leise betrete ich das Zimmer meiner Mutter im Haus meiner Schwester in Kathmandu. Es duftet nach Sauberkeit und frisch gewaschenen Laken. Ich nicke der jungen Pflegerin zu, die meine Schwestern unterstützt. Dankbar erhebt sie sich und freut sich über die Pause.

Ich setze mich auf ihren Stuhl und lausche den Atemzügen, die aus dem Bett zu hören sind. Wie immer, wenn ich in Nepal bin, versuche ich, so viel Zeit wie möglich mit meiner Mutter zu verbringen. Ich genieße jede Minute mit ihr, seit wir durch Jesus versöhnt und in Frieden miteinander leben. Liebevoll gleitet mein Blick über die Furchen, die das Leben im Gesicht dieser schönen Frau hinterlassen hat. Was war sie für ein lebensfroher Mensch, nachdem sie Jesus gefunden hatte! Sie war eine feurige Evangelistin, ausdauernde Beterin, großzügige Geberin und ein treues Gemeindemitglied, bis vor ein paar Jahren ein Schlaganfall ihren Lebenskreis verkleinert hatte. Seitdem ist sie halbseitig gelähmt und auf Pflege angewiesen. Zwei meiner Schwestern sind beständig in ihrer Nähe. Inzwischen ist sie weit über 90 Jahre alt und nimmt immer noch rege Anteil an allem, was ich ihr erzähle.

Sie schlägt die Augen auf, erkennt mich und lächelt mir zu.

»Ama! Jai maishi!« Ich stehe auf und knie an ihr Bett, streiche ihr übers weiße Haar, das einst so schwarz wie meines war.

»Eli, wie geht es …?« Ihre Stimme klingt leise und brüchig. Sie zieht die Hand unter der Decke hervor und tastet nach meiner.

Ich weiß, was sie hören will. Sie will wissen, wie es der Familie geht. »Jonny geht es gut«, beginne ich zu erzählen. Ich berichte ihr von seinem Theologiestudium, von seiner Selbstständigkeit als Musiker und Filmemacher, seiner Frau Helea und von den Kindern. Ich krame mein Handy hervor, zeige ihr kleine Filmclips von meinem dreijährigen Enkel und seiner einjährigen Schwester – ihren Urenkeln. Sie freut sich und nickt. Wer weiß, ob sie die Kleinen jemals kennenlernen wird.

Insgesamt hat sie 24 Enkel und 49 Urenkel und zehn Ururenkel – und die Schar ihrer Familienmitglieder wächst rund um den Globus weiter. Ihre Nachkommen leben heute in zwölf verschiedenen Ländern, darunter Europa, Asien und Australien! Um nicht den Kontakt zueinander zu verlieren, habe ich 2021 ein wöchentliches Family-Zoom-Meeting unter den Verwandten angeregt, für das sich alle gewinnen ließen. Wer Zeit hat, klinkt sich am Samstagabend online ein. Mit der Unterstützung meines Neffen in England erstellen wir jede Woche eine Einladung für das Zoom-Treffen mit einem Programm aus Lobpreis, Botschaft, Erfahrungsberichten und dem Austausch von Gebetsanliegen. Auf diese Weise wissen wir immer das Neueste voneinander. Besonders die Jugend liegt uns am Herzen. In unserer »Senioren«-Gruppe stehen wir im Gebet besonders für sie ein. Mir ist es sehr wichtig, als große Familie geistlich in Einheit verbunden zu sein.

Meine Mutter lächelt still vor sich hin. Auch ich schweige und denke darüber nach, wie gütig Gott ist, und ich sehe, dass er auch in all meinen Stürmen des Lebens da war, und ich hänge meinen Gedanken nach …

Als Kind Gottes darf ich ihm sowohl in guten als auch in schlechten Zeiten vertrauen. Gott schuf die Jahreszeiten in der Natur und es ist mal kalt und mal trocken, mal nass und mal sonnig. Auch mein Leben hat Jahreszeiten. Jede Zeit im Leben hat einen Grund und auch eigene Herausforderungen, aber Jesus ändert sich nicht. Seine Gnade genügt mir, um in jeder Jahreszeit seine Liebe und einen Sinn und Zukunft zu erkennen. Er möchte, dass ich seine Stärke in meiner Schwachheit finde. Herausforderungen im Leben werden immer da sein, aber wie ich damit umgehe, macht den Unterschied. Sie sind wie ein Sprungbrett, um weiterzuwachsen und um Vertrauen zu lernen. Vertrauen, dass Jesus immer bei mir ist. Vertrauen, dass er einen Plan und eine Zukunft für mich hat. Vertrauen, dass Jesus den senfkorngroßen Glauben in mir wachsen lässt, damit er ewige Frucht hervorbringt und sich das Reich Gottes durch mich ausdehnt. Gott riss mich heraus, nahm meinen Fluch auf sich und verwandelte mich zum Segen.

Ehrfürchtig schließe ich meine Augen und danke Gott. Als ich meine Augen wieder öffne, sehe ich, wie meine Mutter ihre Hand hebt.

Ich weiß, was sie mir dadurch sagen will. Früher, als sie noch besser sprechen konnte, hätte sie dazu gesagt: »Lass mich dich segnen, Eli!« Ich neige meinen Kopf wie so oft zuvor.

Es ist für mich ein besonderes Geschenk, die zitternden Finger meiner Mutter segnend auf meinem Kopf zu spüren. Ihre Worte höre ich noch in meinem Herzen klingen, die sie vor ein paar Jahren immer für mich betete. »Ich danke dir, Gott, für meine Tochter Eli«, hatte sie oft gesagt. »Danke, dass du sie mir geschenkt hast und dass du sie auf dieser Erde benutzt, um dein Werk zu tun. Gib ihr Gelingen und Freude! Danke, dass dein Geist auf ihr ist. Du hast sie gesandt, den Armen frohe Botschaft zu verkündigen und den Gebundenen Freiheit zu bringen!«

Auch ich bin dankbar in meinem Herzen für all das, was Jesus in und durch unsere Familie getan hat. Was für eine herrliche Rettung haben wir durch Jesus erlebt. Ich staune.

Damals, als ich das heruntergefallene Kärtchen mit dem Bibelvers las, wusste ich nicht, was Gott noch alles vorbereitet hatte. Heute ist der Glaube an Gottes Güte eine feste Zuversicht in meinem Herzen und es berührt mich, zu sehen, dass Gott gute Pläne für mich hatte und mir Zukunft und Hoffnung gegeben hat. Er hat mich gerufen, geführt, befreit, geheilt und gebraucht zu seiner Ehre – in meiner Familie, in meinem Heimatland und über die Landesgrenzen hinaus. Ehrfurcht macht sich in mir breit.

Das ist allein das Werk und Wunder unseres Gottes! Ihm allein gebührt der Dank.

»Denn ich weiß genau, welche Pläne ich für euch gefasst habe«, spricht der HERR. »Mein Plan ist, euch Heil zu geben und kein Leid. Ich gebe euch Zukunft und Hoffnung.«
Jeremia 29,11

Der Herr segne euch!

DANK

Zuallererst danke ich Jesus für all die Menschen, die er mir zur Seite gestellt hat, um mir zu helfen, mein Buch zu schreiben und auf die bestmögliche Weise zu beenden. Ich bin mir sicher, dass jede eurer Bemühungen in diesem Projekt dieses Buch einzigartig, dynamisch, interessant und kraftvoll gemacht hat. Ich vertraue und bete, dass es ein Kanal des Segens für alle sein wird, die meine Biografie lesen.

Ich danke meinem Mann Thomas Huck für das große Engagement, das du mit mir zusammen in dieses Buchprojekt investiert hast. Deine Verfügbarkeit, deine Flexibilität, deine Gebete sowie deine Hilfe bei Übersetzungen und anderen Details des Buches waren unentbehrlich. Du wertschätzt den Inhalt des Buches und hast mich immer wieder ermutigt, auch in schwierigen Zeiten weiterzumachen, was dazu beitrug, das Buch gut zu beenden.

Ich danke Anna Müller, Lektorin beim SCM Verlag. Ich bin dir sehr dankbar für dein Vertrauen und die Möglichkeit, meine Biografie mit SCM zu schreiben. Dieses Buch wäre ohne deine Idee, deine Initiative und Ermutigung nicht entstanden. Gott segne dich reichlich!

Ich danke Johanna Ehrlich, Lektorin beim SCM Verlag. Ich danke dir von Herzen für deine Freundlichkeit, Geduld und Bereitschaft, alle meine Fragen zum Buch zu beantworten. Dein professionelles Lektorat und deine Hilfe bei der Neuformulierung vieler Textteile im Manuskript und der richtigen Anordnung der Kapitel haben sehr dazu beigetragen, die Qualität des Buches so gut wie möglich zu gestalten.

Meinen herzlichen Dank möchte ich auch meiner deutschen »Mutter« Karin Langer, meiner Schwiegertochter Helea Huck, meinem Sohn Jonathan und meinen Freundinnen Anke Lampeitl und Susanne Nagel-Jung für euren tollen Beitrag zu diesem Buch aussprechen. Ihr alle habt mir mit eurer Kreativität, dem Schreiben des Textes und euren guten Vorschlägen geholfen. Ihr habt mehrmals das ganze Manuskript Probegelesen und einige der Texte besser formuliert, unnötige Stellen gestrichen, die richtigen Fotos für das Buchcover ausgewählt und vieles mehr.

Mein bester Dank gilt auch allen anderen Mitarbeiterinnen und Mitarbeitern des SCM Verlags, die an den Details der Fertigstellung und dem Vertrieb meines Buches beteiligt sind. Gott segne Ihre Bemühungen.

ÜBER MICH

Wenn du Interesse hast, Kontakt aufzunehmen, wenn du Fragen hast, gerne für mich und meinen Dienst beten möchtest oder mich unterstützen möchtest, oder du persönlich mehr über Nepal und mögliche Einsätze wissen möchtest, dann melde dich gerne bei mir oder schau einfach mal auf der Homepage vorbei:

info@right-perspective.org

www.right-perspective.org

ANMERKUNGEN

1 »Nepal«, https://www.lischa-himalaya.org/index.php/informatives/zahlen-und-fakten, Datum des letzten Abrufs: 03 .07 .2023; https://de.wikipedia.org/wiki/Nepal, Datum des letzten Abrufs: 03 .07. 2023.

2 »Religion«, https://de.wikipedia.org/wiki/Nepal, Datum des letzten Abrufs: 03. 07. 2023. »Kultur und Menschen in Nepal«, https://www.erlebe.de/nepal/infos/kultur, Datum des letzten Abrufs: 03. 07. 2023. Nepal Full Country Dossier, Open Doors International, Dezember 2021, S. 2. »World Watch List Nepal«, Datum des letzten Abrufs: 03. 07. 2023.

3 »Lama«, https://de.wikipedia.org/wiki/Lama_(Buddhismus), Datum des letzten Abrufs: 03. 07. 2023.

4 »Animismus«, https://www.duden.de/rechtschreibung/Animismus, Datum des letzten Abrufs: 03. 07. 2023.

5 Galater 3,13-14: »Doch Christus hat uns vom Fluch des Gesetzes gerettet; am Kreuz nahm er den Fluch auf sich. Denn in der Schrift heißt es: »Verflucht ist jeder, der an einem Holz hängt.« Durch die Tat von Jesus Christus hat Gott allen Völkern den Segen geschenkt, den er Abraham zugesagt hatte. So empfangen wir den Heiligen Geist durch den Glauben, wie Gott es versprochen hat.« (NLB).

6 »Buddha«, https://www.wissenschaft.de/geschichte-archaeologie/fund-am-geburtsort-buddhas/17. 01. 2023, https://de.wikipedia.org/wiki/Siddhartha_Gautama/17. 01. 2023.

7 Anti-Konversions-Gesetz: Nepal wurde 2008 eine föderale Republik. Zuvor war das Land 200 Jahre lang das einzige hinduistische Königreich weltweit. Die neue Verfassung von 2015 sichert in Artikel 31 Religionsfreiheit zu, stellt jedoch in Absatz 3 jede Form der Missionierung und Bekehrung durch Geistliche unter Strafe.
Quellen: Open Doors, Weltverfolgungsindex 2022, S. 2; Sidonia Hämmig, Das Christentum in Nepal, in: Die Bibel aktuell, S. 6; sidonia.haemmig@die-bibel.ch; www.allesuebernepal.com; www.wikipedia.org.

8 Etwa 440 Euro.

9 »Bildung – Ergebnisse der nationalen Volks- und Wohnungszählung 2021«, https://censusnepal.cbs.gov.np/results/literacy, Datum des letzten Abrufs: 04. 05. 2023.

10 »Stupa«, https://www.religionen-entdecken.de/lexikon/s/stupa/ 21.01.2023; https://de.wikipedia.org/wiki/Stupa/21.01.2023.

11 »Jugend mit einer Mission«, https://de.wikipedia.org/wiki/Jugend_mit_einer_Mission/02.03.2023; https://www.jmem.de/de/dts/02.03.2023; Charisma-Magazin, Nr. 204, 2023, S. 26-27 »JMEM feiert 50jähriges Bestehen«.